COLUMELLE

DE L'AGRICULTURE

LIVRE XII

DE L'INTENDANTE

COLLECTION DES UNIVERSITÉS DE FRANCE
publiée sous le patronage de l'ASSOCIATION GUILLAUME BUDÉ

COLUMELLE

DE L'AGRICULTURE

LIVRE XII

DE L'INTENDANTE

TEXTE ÉTABLI, TRADUIT ET COMMENTÉ
PAR

JACQUES ANDRÉ
Directeur d'études à l'École des Hautes Études

Deuxième tirage

PARIS
LES BELLES LETTRES
2002

Conformément aux statuts de l'Association Guillaume Budé, ce volume a été soumis à l'approbation de la commission technique, qui a chargé M. Pierre Langlois d'en faire la révision et d'en surveiller la correction en collaboration avec M. Jacques André.

95 boulevard Raspail, 75006 Paris
www.lesbelleslettres.com

Première édition 1988

ISBN : 2-251-01342-3
ISSN : 0184-7155

INTRODUCTION

Le dernier livre du *Traité d'agriculture* de Columelle revêt une importance particulière du point de vue technique, historique et sociologique, apportant la conclusion attendue de l'ouvrage : après les travaux des champs, l'utilisation des produits de la terre, après la partie extérieure du domaine, les bâtiments, après l'intendant et ses tâches rurales, l'intendante dans son rôle de maîtresse de maison, principalement d'organisatrice et de surveillante, préposée en particulier à la préparation des conserves pour la saison d'hiver. Caton et Varron avaient à l'occasion évoqué ces questions, mais non systématiquement comme un problème spécifique. Quant à Virgile, jugeant sans doute le sujet fort peu lyrique et bassement pratique, il n'a pas cru bon d'en traiter dans ses *Géorgiques*, alors que le problème du ravitaillement était vital à l'époque.

Les informations données par Columelle proviennent de deux sources. Comme tous les agronomes de l'antiquité, il dépend des ouvrages de ses prédécesseurs : d'abord de l'*Économique* de Xénophon, composé vers 400-380 avant J.-C., peut-être du texte grec lui-même, mais de façon certaine de la traduction faite par Cicéron plus de trois siècles plus tard, ce qui prouve combien l'agriculture antique était peu différenciée géographiquement et combien ses progrès étaient lents. Après Xénophon, ceux des Grecs Mnaséas et Paxamos, vraisemblablement du Ier siècle avant J.-C., et d'auteurs latins dont les noms seuls ont survécu, M. Ambivius, Maenas Licinius et C. Matius, contemporains de César et d'Auguste. Mais aussi des

auteurs carthaginois Hamilcar et Magon, ce dernier dans la première moitié du IIe s. avant J.-C., dans sa traduction latine postérieure à − 146, pour la préparation du *passum* (12, 39, 1) et, ce qui n'est pas pour surprendre, pour conserver les *mala Punica*, les « pommes puniques », c'est-à-dire les grenades (12, 46, 4-6).

Son exposé repose en partie sur son expérience personnelle, qu'il lui arrive de signaler : « Toutefois j'ai l'habitude, si la vendange a été bonne... », dit-il à propos du dosage de l'apprêt dans le vin (12, 20, 7) ; plus souvent sur les pratiques de son oncle paternel espagnol, touchant le salage du moût (12, 21, 4), la fabrication de la piquette (12, 40, 3), la conservation du raisin (12, 44, 5), etc.

Les sources livresques, autant que les données contemporaines et personnelles livrent des informations concernant des régions agricoles très diverses, l'Italie sans doute, mais aussi la Grèce, l'Espagne et l'Afrique carthaginoise. Les indications et les conseils de l'agronome s'adressent à des agriculteurs pratiquant en fonction des conditions géographiques, des variations climatiques et de la qualité des sols. Columelle en a intelligemment tenu compte : les procédés de conservation qu'il rapporte « ne conviennent pas tous à toutes les régions, mais dépendent des conditions locales et de la nature des raisins (12, 44, 8). Il ne fixe pas de règle universelle et, pour exprimer l'huile verte, recommande simplement de se conformer à l'usage du pays (12, 52, 10). Ailleurs, il donne une recette de vinaigre de figues pour les régions non viticoles (12, 17). Ainsi le livre 12 s'adresse en principe, dans une certaine mesure, par sa diversité même, à l'ensemble des exploitations de l'empire.

Une lecture continue du livre donne une impression de décousu et même de désordre. On passe, par exemple, des conserves de fromage à celle de pourpier, de la préparation des raisins secs à celle du vinaigre de figues, puis aux préparatifs de la vendange, des conserves de pommes à celles d'aunée, puis des olives. Impression trompeuse et

fausse. Les occupations sont énumérées dans un ordre chronologique, et la disparate vient non d'une tentative de classement qui serait un peu brouillonne, mais de l'époque où chaque denrée parvient à son meilleur état pour sa mise en conserve, dans une succession qui ne peut être parfois autre chose qu'une énumération, lorsque plusieurs produits arrivent à point au même moment, tout particulièrement en automne, de septembre au début de décembre. Ainsi fera Palladius de façon plus systématique en disposant la matière de son *Traité d'agriculture* en autant de chapitres que de mois et en regroupant dans chacun d'eux l'annonce des tâches correspondantes de la ferme. Columelle a dissocié les tâches de l'intendant, réparties dans les onze premiers livres, et celles de l'intendante, réservées au douzième. Nous avons affaire à un calendrier saisonnier, exclusivement à l'intention de la *uillica*, calendrier dont les dates ne peuvent toujours être précises et impératives.

Le livre s'ouvre par une préface dont les thèmes sont empruntés à l'*Économique* de Xénophon, principalement des considérations sur le couple préposé à la direction du domaine : l'homme est fait pour le travail à l'air libre, la femme pour les tâches domestiques, garde des provisions et surveillance du personnel, tâches complémentaires qui doivent être exercées dans un souci de collaboration et de respect mutuel.

Le contenu est ainsi réparti :

I. Exposé général des travaux réservés à l'intendante (ch. 1-3).

II. Travaux de printemps :

Préparation des locaux et des récipients (ch. 4).

Fabrication des denrées indispensables pour les conserves, le vinaigre (ch. 5) et la saumure (ch. 6).

Récolte et mise en conserve des « herbes » (condiments et légumes) vers l'équinoxe du 20 mars (ch. 7). Mais la commodité de regrouper des plantes « mineures » rele-

vant du même procédé de conservation impose de dépasser les limites chronologiques : la récolte des câpres, par exemple, s'opère de juin à septembre.

Recette de l'*oxygala*, lait suri (ch. 8).

Conserves de laitue et de chicorée (ch. 9).

III. Travaux d'été :

Conserves d'oignons, de cornouilles, de poires, pommes, etc. (ch. 10).

Taille des ruches (ch. 10, 6).

Préparation de la *mella* et de l'hydromel (ch. 11-12).

Conservation du fromage, du pourpier et du crithme (ch. 13), des pommes et poires par séchage (ch. 14), des figues (ch. 15), des raisins secs, des sorbes (ch. 16) ; fabrication du vinaigre de figues (ch. 17).

IV. Travaux de fin d'été :

Préparation des vendanges (ch. 18).

Vinification (ch. 19-31) et usages du moût : vins médicinaux et autres (ch. 32-42), fromage mariné au moût (ch. 43).

Conserves de raisins frais (ch. 44-45).

V. Travaux d'arrière-saison (octobre-novembre) :

Conserves de grenades, coings, pommes (ch. 46-47), d'aunée (ch. 48), d'olives (ch. 48-51).

Fabrication de l'huile (ch. 52-54).

Salaison des porcs (ch. 55).

Conserves de raves et navets (ch. 56). Recette de moutarde (ch. 57).

VI. Travaux d'hiver :

Conserves de maceron et de panais en janvier-février (ch. 58).

VII. Travaux non saisonniers :

Recettes de *moretum* et d'*oxyporum* (ch. 59).

Ces indications présentent une grande importance pour la connaissance du rythme des travaux et de l'alimentation hivernale dans les grands domaines autant que dans les petites exploitations. Les conserves ne sont pas à l'usage exclusif des esclaves et du personnel, car ce n'était certainement pas à eux qu'étaient destinées ces deux denrées hors de prix, le *silphion* africain et le *laser* oriental dont on aromatisait le maceron et le fenouil, et qui entraient dans la composition d'une liqueur digestive, l'*oxyporum* (12, 7, 4 ; 12, 59, 4-5).

Deux développements essentiels (chap. 18-45 et 49-54) traitent de la vendange, de l'olivaison et des produits obtenus, raisins et olives de conserve, vin et huile, en raison de l'importance alimentaire de ces deux cultures et des difficultés rencontrées pour la conservation de ces fruits. La mention des conserves de raves confirme l'indication fournie plus tard par Pline [1], qu'elles venaient au troisième rang des cultures de l'Italie transpadane, après le blé et la vigne. Trois recettes témoignent de l'importance des conserves de lait suri (12, 8), et l'on voit que les fruits séchés au soleil, poires, pommes, figues, contribuent grandement à la nourriture hivernale [2].

En ce douzième livre, Columelle a pour nous le grand mérite de nous révéler par le menu l'existence de l'intendante, le nombre et l'étendue de ses tâches, dont Caton n'avait fait qu'effleurer très brièvement les devoirs (*uilicae officia*) en suivant Xénophon [3].

Sous la surveillance générale du propriétaire, elle a la charge des tâches domestiques. Elle est une esclave donnée comme compagne à l'intendant afin, dit Columelle [4], de

1. Col. 12, 56 ; Pline, *nat.* 18, 127.

2. Sur les produits végétaux que devaient impérativement mettre en conserve les paysans pour atteindre le printemps, cf. J. André , *L'alimentation et la cuisine à Rome*, Paris, Les Belles Lettres, 1981, p. 45-48 ; 86-91.

3. *uilicae officia*, *Agr.* 143 ; Xén., *Econ.* 9, 11.

4. 1, 4 ; 1, 8, 5 ; cf. Varron, *R.R.* 1, 17, 5.

l'aider dans certains travaux. Cette association aboutissait à la constitution de véritables familles de fait, selon un usage commun de la civilisation agraire antique. Hésiode déjà [5] voulait pour son paysan une femme achetée, non épousée, qui, au besoin, puisse suivre les bœufs. Columelle la veut jeune, en parfaite santé, ni laide, pour ne pas rebuter son compagnon, ni trop belle, pour éviter le libertinage. Elle sera douée moins de qualités morales que de l'absence de défauts, ivrognerie, gourmandise, nonchalance, paresse, mais aussi d'un minimum d'intelligence, d'une bonne mémoire et de prévoyance. Associant les prescriptions religieuses à l'hygiène, on exige d'elle propreté et chasteté quand elle manipule les provisions (12, 4, 3).

Elle a une grande responsabilité dans la marche de la ferme et un certain pouvoir de décision. A elle la direction du personnel, la distribution des tâches chaque matin pour le travail des esclaves, la surveillance des tire-au-flanc, les soins aux malades (12, 1, 5-6), la préparation des remèdes, essentiellement des vins médicinaux (12, 31-32), tout en veillant à la bonne tenue de l'infirmerie (12, 3, 8). Elle doit aussi surveiller les cuisiniers et jusqu'aux gens chargés de la taille des ruches (12, 3, 8 ; 12, 10, 6). Elle préside à la confection des conserves et des salaisons et, les jours de pluie, au travail de la laine et à la confection des vêtements.

A elle encore revient le soin de tout ce qui peut se faire à la maison en vue des travaux extérieurs : la préparation des vendanges par la confection des corbeilles, le lavage et le poissage des récipients vinaires (12, 18), le nettoyage des jarres à huile (12, 52, 14). Elle assiste à la traite du lait, aux soins donnés aux agneaux par les bergers (12, 3, 9) ; elle tient le rôle du vétérinaire quand elle prépare une « huile au moût » pour les bestiaux malades (12, 53, 3). Elle est aussi responsable de tous les produits de la ferme, de la

5. *Erga*, 405-406.

gestion, de la vérification des achats et de leur conservation dans les entrepôts.

A côté de ces indications de pure technique, certaines considérations générales révèlent la pensée de Columelle et éclairent sa personnalité. D'abord par ses réflexions, du reste banales, sur la société : nécessité des mariages, légitimes ou non, pour la conservation de l'espèce (*praef.* 1), opposition d'une vie sauvage aussi élémentaire que celle des bêtes dans les forêts et de l'homme civilisé vivant sous un toit ; progrès de la civilisation apportant le confort à l'espèce humaine (*praef.* 3-4) ; situations respectives de l'homme et de la femme conformes à leur nature physique : à l'homme plus fort la charge de l'extérieur ; la femme, peureuse, est par cela-même prédisposée à la garde du foyer.

Les considérations morales sont avant tout utilitaires et visent à l'intérêt du maître. L'ordre et l'harmonie nécessaires en tout dans le monde doivent aussi être exigés dans l'administration du domaine (12, 2, 4-6), ce qui suppose des règles de conduite proposées (imposées serait peut-être plus exact) à l'intendant et à sa compagne, ainsi qu'une entente parfaite entre maître, intendant et personnel. La concorde doit régner dans le couple, qui, ne l'oublions pas, n'était pas libre de se choisir — mais n'en allait-il pas de même dans les familles romaines avec les mariages imposés par le *pater familias* ? Les deux membres en sont censés coopérer au bien commun, qui est celui du maître (*praef.* 1, 7-8). De toute façon, ces réflexions concernant le monde romain n'ont rien d'original, étant empruntées à l'*Economique* de Xénophon.

Columelle est un conservateur qui dénonce l'amollissement des femmes par le luxe et l'oisiveté, et la dégénérescence de la société romaine. Jadis, la femme du propriétaire elle-même ne laissait à personne le soin du domaine. Aujourd'hui elle « regarde comme absolument ignoble de passer quelques jours à la ferme » (*praef.* 9-10). Témoignage de l'évolution de la société agraire, avec le passage

de la *mater familias*, la femme du propriétaire, à l'esclave promue au rôle d'intendante et de concubine de l'intendant. Même évolution en matière de religion : l'intendant remplace le maître de maison qui pratiquait jadis le culte pour toute la *familia* ; il n'oubliera pas, au début des vendanges, de sacrifier à Liber et à Libéra, avec piété et chasteté, et, pendant toute leur durée et celle de la vinification, de veiller à la pureté et à la propreté des esclaves chargés des opérations (12, 18, 4). Ainsi, dans Columelle, percevons-nous la substitution à l'exploitation directe par le propriétaire d'une sorte de gérant, un esclave non appointé.

Je remercie bien vivement M. Pierre-Paul Corsetti, grand spécialiste de Columelle, qui a eu l'extrême obligeance de me communiquer des relevés personnels de manuscrits ainsi que les photocopies de certains articles peu accessibles et même d'éditions du livre XII.

A M. Pierre Langlois qui, avec sa diligence et sa compétence coutumières, a bien voulu accepter de réviser mon manuscrit, j'exprime ma profonde reconnaissance. Bien souvent sa révision a pris la forme d'une discussion toujours enrichissante et parfois d'une collaboration.

On trouvera en fin de volume un Index des noms de plantes, qui évitera maintes répétitions des notes et auquel le lecteur voudra bien se reporter.

N.B. 1. Les notes, qui constituent le commentaire, ont été considérablement réduites pour répondre au vœu de la direction de la Collection.

2. Un certain nombre de notes n'a pu trouver place au bas de la traduction. Elles sont reportées à la fin du volume, p. 115 sq.

ABREVIATIONS

Ahrens : éd. K. Ahrens, Berlin, Akad.-Verlag, 1972.

Ald. : ed. Aldina Jucundi, Venise, 1574.

ed. pr. : éd. Merula, Venise, 1472.

F.-H. : éd. E. S. Forster — E. H. Heffner, Lucius Junius Moderatus Columella, On agriculture, Londres — Cambridge (Mass.), 1955.

Gesner : J. M. Gesner, Scriptores Rei Rusticae Veteres Latini, Leipzig, 1735.

Hedberg : Sten Hedberg, L. Iuni Moderati Columellae opera quae extant, fasc. 8, Upsal, 1968.

Hedberg, *Cont.* : Sten Hedberg, *Contamination and Interpolation. A study of the 15th century Columella manuscripts*, Upsal, 1968.

Iunt. : ed. Iuntina (F. Giunti), Florence, 1515.

Onesti : R. C. Onesti, Lucio Giunio Moderato Columella, L'arte dell' agricoltura, Turin, Einaudi, 1977.

Pontedera : Giulio Pontedera, botaniste de Padoue † 1757, cité d'après le commentaire de J. M. Gesner.

Richter : W. Richter, Lucius Iunius Moderatus Columella, zwölf Bücher über Landschaft, t. III, Munich, Artemis-Verlag, 1983.

Schn. : J. G. Schneider, Scriptores Rei Rusticae Veteres Latini, t. II, Leipzig, 1794.

Ursin. : Fulvius Ursinus, Notae ad M. Catonem, M. Varronem, L. Columellam de re rustica, Rome, 1587.

CONSPECTVS SIGLORVM

S = Sangermanensis, olim Petropolitanus, nunc Leninopolitanus Class. Lat. F.v. 11 ; saec. IX.
A = Ambrosianus L 85 sup. ; saec. IX.
R = consensus codicum recentiorum uel omnium uel omnium praeter eos qui separatim laudantur ; saec. XV.
a = Laurentianus Plut. 53, 32.
ae = Laurentianus Aedil. 168.
b = Bibl. Brer. Mediol. A.D. XV, 4.
c = Caesenas Malatestianus plut. 24 sin. 2.
ç = Valentinus, Bibl. Univ. lat. 651.
d = Laurentianus Conu. Suppr. 285.
f = Bibl. Brit. Add. 19903.
h = Vindobonensis lat. 81 et 3144.
j = Bibl. Brit. Add. 17295.
l = Lipsiensis, Bibl. Univ., Rep. I, 13.
m = Venetus Marcianus 462.
o = Vaticanus Ottobon. Lat. 1700.
p = Laurentianus plut. 53, 27.
q = Laurentianus plut. 91 inf. 6.
r = Vaticanus latinus 1525.
t = Bononiensis Bibl. Univ. 2523.
u = Vaticanus Vrbinas Lat. 260.
ü = Parisinus Lat. 6830 C.
w = Vaticanus Lat. 1524.
x = Gotoburgensis, Bibl. Univ. Lat. 28.
y = Vaticanus Lat. 1527.
z = Vindobonensis Lat. 33.
P = Parisinus Lat. 13955 (exc.).

L'étude de la tradition manuscrite sera présentée dans l'Introduction au livre I.

TABLEAU DES MESURES FIGURANT AU LIVRE XII

Mesures de poids

libra = 327,45 g
dodrans = 9 unciae = 245,7 g
selibra = 163,72 g
quincunx = 5 unciae = 136,5 g
triens = 4 unciae = 109,12 g
quadrans = 3 unciae = 81,9 g
sextans = 2 unciae = 54,6 g
sescuncia = 1 ½ uncia = 40,9 g
uncia = 27,3 g
semuncia = 13,6 g
scripulum = 1,3 g

Mesures de capacité

cadus siue metreta = 39,39 l
amphora = 26,26 l
urna = 13,13 l
modius = 8,733 l
congius = 3,275 l
sextarius = 0,547 l
hemina = 0,2729 l
quartarius = 0,1368 l
cyathus = 0,0456 l
cochlear = 0,0114 l

Contenu du livre XII

Liber *dvo*decimvs haec continet

TIT. : duodecimus *Ald* : tertius decimus *codd.* || I. Καθολικά *SA* : capitula *y* || IV. uapido *edd.* : uappi- *S* api- *A*[1] aui- *A*[2] || V. muria *S*[2] : uria *S*[1] *A* || XII. mella *Hedberg* : melle *r* mel *cett.* || XIII. caseo *AR* : caseos *S* || XIX. uinum *AR* : uina *S* || confirmatur *AR* : -mantur *S*.

XXIII. Item de defruto coquendo, quod quidam Neapolitanum uocant.
XXIV. Quemadmodum mustum infirmi generis ad uetustatem possit perduci.
XXV. Remedium languentis uini.
XXVI. Si quod animal in mustum ceciderit et interierit, quemadmodum mustum remedietur.
XXVII. Vinum scilliten quemadmodum facias.
XXVIII. Acetum scilliten quemadmodum fiat.
XXIX. Vinum absinthiten quemadmodum facias.
XXX. Vinum abrotoniten et hysopiten ceterarumque notarum facere.
XXXI. Vinum ex myrtis quemadmodum fiat.
XXXII. Lora quemadmodum fiat.
XXXIII. Caseus quemadmodum ex musto seruetur.
XXXIV. Vuae quemadmodum conponantur.
XXXV. Mala granata quemadmodum seruentur.
XXXVI. Mala orbiculata, Cestiana, melimela ceteraque genera quemadmodum seruentur.
XXXVII. Inulae condituram.
XXXVIII. Oliuarum albarum et nigrarum condituras.
XXXIX. Sampsa quemadmodum fiat.
XL. Oleum quemadmodum fiat.
XLI. Gleucinum oleum quemadmodum conponatur.
XLII. Oleum ad unguenta quemadmodum facias.
XLIII. Rapa et napos quemadmodum condias.
XLIV. Sinape quemadmodum facias.
XLV. Holeris atri et siseris radicem quemadmodum condias.
XLVI. Moretum quemadmodum facias.
XLVII. Oxyporum quemadmodum conponas.

XXVII. scilliten *SA* : -tem *R* || XXVIII. scilliten *SA* : scyllitem *uel* scilli- *R* || hysopiten *S* : chyso- *A* hysopitem *uel* hiso- *R* || XXXII. fiat *R* : fiant *SA* || XXXIV. ollares *S* : colla- *AR* || XXXVII. condituram *S* : -tarum *AR* || XXXIX. sampsa *SR* : sanipsa *A* || XLVI. moretum *SA* : murtetum *ry* murce- *t*.

LIVRE XII

[Préface] **1.** L'Athénien Xénophon, Publius Silvinus[1], dans son livre intitulé l'*Économique*[2], a déclaré que l'union conjugale a été instituée par la nature pour former dans la vie l'association non seulement la plus agréable, mais aussi la plus utile. En effet, d'abord, comme le dit aussi Cicéron[3], l'homme et la femme furent unis pour que l'espèce humaine ne disparût pas à la longue, ensuite pour assurer aux mortels par cette même association une aide autant qu'une protection dans la vieillesse. **2.** En outre, comme la nourriture et le confort de l'homme devaient se préparer non pas dehors et dans les lieux sauvages, comme ceux des bêtes sauvages, mais à la maison et sous un toit, il était nécessaire que l'un des deux se tînt dehors et en plein air pour se procurer par son travail et son activité des provisions à mettre en réserve à l'intérieur, puisqu'il était nécessaire ou de travailler la terre ou de se livrer à la navigation ou même à une autre sorte de commerce, pour nous procurer quelques ressources. **3.** Mais, une fois les provisions mises en réserve sous un toit, il fallait une autre

1. Publius Silvinus, à qui est dédié le *De agricultura*, n'est connu que par ce qu'en dit Columelle. Il était comme lui propriétaire d'un domaine viticole dans la région de Caere (Cervetri) en Étrurie (cf. 3, 3, 3; 3, 9, 6); cf. W. Becher, *Das Caeretanum des L. Iunius Moderatus Columella*, in *Phil.-hist. Beiträge K. Wachsmuth*, 1897, p. 186-191.

2. L'*Économique* de Xénophon est cité quatre fois dans le *De agricultura*, en 11, 1, 5 et 15; 12, *pr.* 1-6 et 12, 3, 1-4. Ici *Praef.* 1-6 = *Écon.* 7, 18-28.

LIBER XII

[Prooem.] **1.** Xenophon Atheniensis eo libro, Publi Siluine, qui Oeconomicus inscribitur, prodidit maritale coniugium sic comparatum esse natura, ut non solum iucundissima, uerum etiam utilissima uitae societas iniretur. *N*am primum, quod etiam Cicero ait, ne genus humanum temporis longinquitate occideret, propter hoc marem cum femina esse coniunctum, deinde, ut ex hac eadem societate mortalibus adiutoria senectutis nec minus propugnacula praeparentur. **2.** Tum etiam, cum uictus et cultus humanus non, uti feris, in propatulo ac siluestribus locis, sed domi sub tecto adcurandus erat, necessarium fuit alterutrum foris et sub diuo esse, qui labore et industria compararet, quae tectis reconderentur — siquidem uel rusticari uel nauigare uel etiam genere alio negotiari necesse erat, ut aliquas facultates adquireremus. **3.** Cum uero paratae res sub tectum essent congestae, alium esse oportuit, qui et inlatas

Prooem. 1. oeconomicus *S* : eoco- *A* aeco- *m* ico- *b* || nam primum *Schn.* : iam primum *p* iam pridem *SAR* || temporis *RS* : *om.A* || occideret *S* : -rit *AR*.

2. cum *SA* : quom *y* quoniam *ç* || adcurandus *R* : -dum *SA* || erat *SR* : erit *A* || negotiari *SR* : -tiatori *A* || adquireremus : atqui- *SA* adquiremus *b* adquer- *h*.

3. paratae *SA* : partae *mb* parte *p*.

personne pour veiller à leur garde et exécuter les travaux à faire à la maison. En effet les récoltes et tous les autres aliments que fournit la terre manquaient d'un abri, les petits des brebis et des autres animaux domestiques et les fruits devaient être gardés en lieu clos, ainsi que tout le nécessaire pour la nourriture et aussi pour le confort de l'espèce humaine.

4. C'est pourquoi, comme les tâches que nous venons d'exposer demandent du travail et de la diligence, et qu'on ne se procure pas au dehors sans beaucoup de peine ce qui doit être conservé à la maison, il était juste, comme je l'ai dit, que la nature de la femme fût adaptée aux soins domestiques, et celle de l'homme aux activités du dehors et de plein air[4] ; c'est pourquoi la divinité a réservé à l'homme d'endurer les chaleurs et les froids ainsi que les voyages, et les travaux de la paix et de la guerre, c'est-à-dire ceux des champs et du service militaire. **5.** A la femme, à son tour, qu'elle avait faite impropre à toutes ces tâches, elle a confié le soin des affaires domestiques et, comme elle avait affecté ce sexe à la garde et à la vigilance, elle l'a rendu plus peureux que le sexe masculin, car la crainte contribue énormément à une surveillance vigilante. **6.** Mais, comme celui qui recherchait sa subsistance au dehors et en plein air devait parfois repousser des attaques, elle a fait l'homme plus hardi que la femme. Et comme, une fois les ressources acquises, tous deux avaient besoin de mémoire et de vigilance, elle n'en a pas moins doué la femme que l'homme. Enfin, comme une seule de leurs natures ne pouvait réunir tous les avantages, elle a voulu

custodiret et ea conficeret opera quae domi deberent administrari. Nam et fruges ceteraque alimenta terrestria indigebant tecti, et ouium ceterarumque pecudum fetus atque fructus clauso custodiendi erant nec minus reliqua utensilia, quibus aut alitur hominum genus aut etiam excolitur.

4. Quare, cum et operam et diligentiam desiderarent ea quae proposuimus, nec exigua cura foris adquirerentur quae domi custodiri oporteret, iure, ut dixi, natura comparata est [opera] mulieris ad domesticam diligentiam, uiri autem ad exercitationem forensem et extraneam; itaque uiro calores et frigora perpetienda, tum etiam itinera et labores pacis ac belli, id est rusticationis et militarium stipendiorum, deus tribuit. **5.** Mulieri deinceps, quod omnibus his rebus eam fecerat inhabilem, domestica negotia curanda tradidit, et, quoniam hunc sexum custodiae et diligentiae adsignauerat, idcirco timidiorem reddidit quam uirilem; nam metus plurimum confert ad diligentiam custodiendi. **6.** Quod autem necesse erat foris et in aperto uictum quaerentibus nonnunquam iniuriam propulsare, idcirco uirum quam mulierem fecit audaciorem. Quia uero partis opibus aeque fuit opus memoria et diligentia, non minorem feminae quam uiro earum rerum tribuit possessionem. Tum etiam, quod simplex natura non omnis res commodas amplecti ualebat, idcirco alterum

3. ea *SA* : cetera *R* || tecti *SA* : tecto *R* || custodiendi *SA* : -da *R* || *pr.* aut *R* : *om.SA*.

4. desiderarent *mb* : -ret *S* considerarent *A* || nec *SR* : -ne *A* || natura *SA*: a natura *R* || opera *codd.*, *secl. Schn.* || stipendiorum S^2R : -dierum S^1 -diarum S^3A || deus S^2 : de usu S^1A dis *R*.

5. custodiae *R* : -dia *SA* || confert ad S^2R : -fert at S^1 -ferat *A*.

6. fecit *SR* : facit *A* || uero *R* : uiro *SA* || opus *SR* : opibus *A* || memoria *R* : -riam *SA* || ualebat t^2, *Schn.* : uol- *SAR*.

que chaque sexe eût besoin de l'autre, puisque ce qui manque à l'un se trouve généralement chez l'autre.

7. Ce n'est pas en vain que Xénophon, dans son *Économique*, puis Cicéron, dans sa traduction de cet ouvrage en latin, ont traité de ce sujet. Chez les Grecs en effet, puis chez les Romains jusqu'au temps de nos pères, les occupations domestiques étaient généralement confiées aux femmes mariées, tandis que les pères de famille, déposant tous leurs soucis, se retiraient dans leurs pénates domestiques, comme pour se reposer de leurs activités extérieures. Il régnait le plus grand respect dans une atmosphère de concorde et de vigilance, et l'épouse la plus belle [5] rivalisait de vigilance, souhaitant accroître et améliorer par ses soins les affaires de son mari. **8.** On ne voyait rien de séparé dans la maison, rien que le mari ou la femme puisse revendiquer comme lui appartenant en propre, mais l'un et l'autre coopéraient au bien commun, de sorte que le zèle de la femme allait de pair avec les activités extérieures. Ainsi l'intendant et l'intendante n'avaient pas un travail considérable, à une époque où chaque jour les maîtres surveillaient et administraient eux-mêmes leur biens. **9.** Aujourd'hui cependant que la plupart des femmes sont si amollies par le luxe et l'oisiveté qu'elles ne daignent pas s'occuper même du travail de la laine, mais méprisent les vêtements faits à la maison, et, poussées par un désir perverti, trouvent leur plus grand plaisir à ceux qui s'achètent très cher et coûtent presque une fortune, il n'est nullement étonnant qu'elles répugnent

5. Deux interprétations sont possibles, entre lesquelles se partagent les éditeurs : *mulier pulcherrimă* (Du Bois, Forster-Heffner) et *pulcherrimă... aemulatione* (Onesti, Aerens, Richter). Nous préférons la première parce que Columelle, 1, 1, mettra en garde contre la trop grande beauté de l'intendante (*pulcherrima*) et verra une cause de paresse dans une beauté trop éclatante (*nimia species*).

alterius indigere uoluit, quoniam quod alteri deest praesto plerumque est alteri.

7. Haec in Oeconomico Xenophon et deinde Cicero, qui eum Latinae consuetudini tradidit, non inutiliter disseruerunt. Nam et apud Graecos et mox apud Romanos usque in patrum nostrorum memoriam fere domesticus labor matronalis fuit, tamquam ad requiem forensium exercitationum, omni cura deposita, patribus familias intra domesticos penatis se recipientibus. Erat enim summa reuerentia cum concordia et diligentia mixta flagrabatque mulier pulcherrima diligentiae aemulatione studens negotia uiri cura sua maiora atque meliora reddere. **8.** Nihil conspiciebatur in domo diuiduum, nihil quod aut maritus aut femina proprium esse iuris sui diceret, sed in commune conspirabatur ab utroque, ut cum forensibus negotiis matronalis industria rationem parem faceret. Itaque ne uilici quidem aut uilicae magna erat opera, cum ipsi domini cotidie negotia sua reuiserent atque administrarent. **9.** Nunc uero, cum pleraeque sic luxu et inertia diffluant ut ne lanificii quidem curam suscipere dignentur, sed domi confectae uestes fastidio sint, peruersaque cupidine maxime placeant quae grandi pecunia et paene totis censibus redimuntur, nihil mirum est easdem ruris et

6. quoniam quod *R* : quod quia *SA* || deest *R* : id est *SA*.

7. et *R* : *om.SA* || non *R* : quod *SA* || forensium *R* : -ntium *SA* || deposita *SR* : -to *A* || familias *R* : -liis *SAp* || penatis *S*[1] *A* : -tes *S*[2] *R* || concordia *SR* : cordia *A* || diligentiae *R* : *om.SA* || (a)emulatione *R* : -nes *SA* || sua *SA* : *om.R*.

8. iuris *Spt* : uiri *AR* || conpirabatur *cpt* : -spiciebatur *SAR* || utroque *R* : utra- *SA*.

9. *Rubr.* de luxu mulierum *SA* : *om.R* || pleraeque *R* : -raque *SAmb* || diffluant *SA* : -uunt *R* || lanificii *AR* : -ciis *S*.

au soin de la campagne et des instruments agricoles et regardent comme absolument ignoble de passer quelques jours à la ferme.

10. C'est pourquoi, depuis que les anciennes habitudes des mères de famille sabines et romaines sont entièrement non seulement passées de mode, mais même anéanties, c'est à l'intendante que sont revenus nécessairement les soins qui faisaient partie des devoirs de la femme du propriétaire, puisque les intendants aussi ont remplacé les maîtres qui, autrefois, selon l'ancien usage, non seulement cultivaient leurs terres, mais y résidaient.

Mais, pour ne pas paraître avoir entrepris mal à propos un travail de censeur en blâmant les mœurs contemporaines, je vais maintenant exposer les devoirs de l'intendante.

1 **Préceptes que doit observer l'intendante.**

1. Pour conserver l'ordre que nous avons établi dans le volume précédent, elle doit être jeune, sans l'être trop, pour les mêmes raisons que nous avons données à propos de l'âge de l'intendant ; elle doit aussi être en parfaite santé, ni laide, ni inversement très belle. En effet il lui faudra des forces intactes pour supporter les veilles et les autres fatigues, et sa laideur sera un sujet de dégoût pour son compagnon [1], comme sa trop grande beauté, un motif de paresse. **2.** Aussi faut-il veiller à ce que nous n'ayons pas un intendant coureur et qui prenne sa compagne en

1. L'esclave, n'ayant pas de personnalité juridique, ne peut se marier, mais des unions durables peuvent constituer de véritables familles de fait, sinon de droit. Le conjoint est alors désigné par *contubernalis* « compagnon, compagne », cf. 12, 1, 2, *contubernium* « cohabitation, concubinage ». Cf. *CIL*. 6, 8843 ; 9335 ; 28533, etc.

instrumentorum agrestium cura grauari sordidissimumque negotium ducere paucorum dierum in uilla moram. **10.** Quam ob causam, cum in totum non solum exoleuerit, sed etiam occiderit uetus ille matrum familiarum mos Sabinarum atque Romanarum, necessaria inrepsit uilicae cura quae tueretur officia matronae, quoniam et uilici quoque successerunt in locum dominorum, qui quondam prisca consuetudine non solum coluerant, sed habitauerant rura.

Verum, ne uidear intempestiue censorium opus obiurgandis moribus nostrorum temporum suscepisse, iam nunc officia uilicae persequar.

Praecepta quae uilica exsequi debeat. **1**

1. Ea porro, ut institutum ordinem teneamus quem priore uolumine inchoauimus, iuuenis esse debet, id est non nimium puella, propter easdem causas quas de aetate uilici rettulimus, integrae quoque ualetudinis, nec foedi habitus nec rursus pulcherrima; nam inlibatum robur et uigiliis et aliis sufficiet laboribus, foeditas fastidiosum, nimia species desidiosum faciet eius contubernalem. **2.** Itaque curandum est ut nec uagum uilicum et auersum a contubernio suo habeamus nec rursus

9. grauari sordidissimumque *SR* : grauissimumque *A* || moram *SA* : morari *R*.
10. exoleuerit *AR* : exsoluerit *S* exol- *mbp* || romanarum *SR* : -norum *Amr* || consuetudine S^2R : -nem S^1, *A* (*ante* prisca) || censorium *R* : -surim *S* -suri A^1 -sori A^2 || opus *R* : *om.SA*.

1. quem *R* : quae *S* que *A* || uilici S^2R : uili S^1A || ualetudo S^2Ay : uali- S^1R || pulcherrima *SA* : -mi *R* || contubernalem S^2R : conty- S^1A.
2. uilicum S^2A^2R : uli- S^1A^1 || a *S* : *om.AR* || contubernio *R* : contyb- *SA*.

aversion, ni inversement qui reste oisif à la maison et dans les bras de sa femme.

Mais ce que nous venons de dire n'est pas tout ce qu'on doit observer à l'égard de l'intendante. **3.** Il faudra en effet considérer avant tout si elle ne s'adonne pas au vin, à la gourmandise, à la superstition, au sommeil, au libertinage, et si elle a assez le souci de savoir ce qu'elle doit se rappeler, ce qu'elle doit prévoir pour la suite, de façon à suivre à peu près les mêmes règles que nous avons prescrites à l'intendant, car la plupart de ces principes doivent s'appliquer à l'homme et à la femme : aussi bien à éviter de mal faire qu'à attendre une récompense d'une bonne conduite ; elle s'appliquera aussi à laisser à l'intendant le moins de besogne possible à la maison, car il doit sortir dès le point du jour avec le personnel et rentrer fatigué au crépuscule, le travail achevé. **4.** Cependant, en instituant une intendante, nous ne dispensons pas l'intendant du soin des tâches domestiques, mais nous allégeons son fardeau en lui apportant une aide. Au reste, le service de la maison ne doit pas être laissé tout entier à la charge de la femme, mais lui être confié sous la surveillance continuelle de l'intendant ; ainsi l'intendante sera plus diligente, si elle se souvient qu'il y a là quelqu'un à qui elle doit fréquemment rendre compte.

5. Elle devra en outre être bien persuadée qu'elle doit rester toujours, ou du moins le plus souvent, à la maison, et envoyer alors au dehors les esclaves qui auront à faire aux champs et garder à l'intérieur ceux qu'on voudra occuper dans la ferme, en veillant qu'ils ne gâchent pas en traînant le travail de la journée ; elle vérifiera avec soin si

intra tecta desidem et complexibus adiacentem feminae. Sed nec haec tantum quae diximus in uilica custodienda sunt. **3.** Nam in primis considerandum erit an a uino, ab escis, a superstitionibus, a somno, a uiris remotissima sit, et ut cura eam subeat quid meminisse, quid in posterum prospicere debeat, ut fere eum morem seruet quem uilico praecepimus, quoniam pleraque similia esse debent in uiro atque femina; et tam malum uitare quam praemium recte factorum sperare; tum elaborare ut quam minimam operam uilicus intra tectum impendat, cui et primo mane cum familia prodeundum est et crepusculo peractis operibus fatigato redeundum. **4.** Nec tamen instituendo uilicam domesticarum rerum uilico remittimus curam, sed laborem eius adiutrice data leuamus. Ceterum munia quae domi capessuntur non in totum muliebri officio relinquenda sunt, sed ita deleganda ei ut identidem oculis uilici custodiantur; sic enim diligentior erit uilica, si meminerit ibi esse cui frequenter ratio reddenda sit.

5. Ea porro persuasissimum habere debebit aut in totum aut certe plurimum domi se morari oportere; tunc, quibus aliquid in agro faciendum erit seruis, eos foras emittere, quibus autem in uilla quid agendum uidebitur, eos intra parietes continere atque animaduer-

2. desidem *SR* : -de *A* || feminae *SA* : -nam *R* || nec *SR* : *om.A* || haec *AR* : *om.S.*

3. cura eam *ct* : curae an *SA* || quid...quid S^2AR : quit...quit S^1 || fere eum *SR* : ferum *A*.

4. capessuntur *SA* : capessenda *R* capesc- *p* || in *AR* : it S^1 id S^2 || deleganda *SR* : delig- A^2 deligenda A^1 deleg- *mb* || diligentior erit *SA* : erit diligentior *R* || uilica — ibi *R* : *om.SA* || frequenter ratio *SA* : ratio frequenter *R*.

5. ea *AR* : e *S* || morari *SA* : memor- *R* || eos $pt\ddot{u}^2$: eo *SAR*.

rien n'a été prélevé sur les denrées apportées à la maison ; elle les réceptionnera après les avoir examinées et trouvées intactes ; elle séparera ce qui doit être consommé et gardera ce qui peut être mis en réserve, afin de ne pas dépenser en un mois la provision d'une année. **6.** Et si un membre du personnel est tombé malade, elle devra veiller à ce qu'il soit soigné le plus convenablement possible ; car ces bons soins font naître le dévouement et aussi l'obéissance ; et même, quand on a pris soin des malades, ceux qui ont guéri s'appliquent à servir plus fidèlement qu'auparavant.

2 **1.** Ensuite, elle ne devra pas oublier que ce qu'on apporte soit déposé en des lieux convenables et sains et y demeure sans dommage. Il faut avant tout prendre grand soin de préparer les endroits où retirer chaque chose et où aller la prendre au besoin. Comment doivent être ces lieux, nous l'avons déjà dit dans le premier livre, à propos de l'établissement de la ferme, et dans le onzième, en traitant de l'intendant. **2.** Mais je ne serai pas fâché d'y revenir ici brièvement. En effet, la pièce la plus élevée <de la maison> est affectée aux récipients les plus précieux et aux vêtements ; un grenier, s'il est sec et sans humidité, est tenu pour propre aux céréales ; une pièce froide convient très bien à la garde du vin ; bien éclairée, elle est destinée aux ustensiles fragiles et aux tâches qui requièrent beaucoup de lumière. **3.** Donc, une fois les magasins préparés,

tere ne diurna cessando frustrentur opera ; quae domum autem inferuntur, diligenter inspicere, ne delibata sint, et ita explorata atque inuiolata recipere ; tum separare quae consumenda sunt, et quae superfieri possunt custodire, ne sumptus annuus menstruus fiat. **6.** Tum, si quis ex familia coeperit aduersa ualetudine adfici, uidendum erit ut is quam commodissime ministretur ; nam ex eiusmodi cura nascitur beniuolentia nec minus obsequium ; quin etiam fidelius quam prius seruire student qui conualuerunt, cum est aegris adhibita diligentia.

1. Post haec meminisse debebit, quae inferantur, **2**
ut idoneis et salubribus locis recondita sine noxa permaneant. Nihil enim magis curandum est quam praeparare ubi quidque reponatur et unde, cum opus sit, promatur. Ea loca qualia esse debeant et primo uolumine, cum uillam constitueremus, et undecimo, cum de uilico disputaremus, iam dicta sunt. **2.** Sed ne nunc quidem demonstrare breuiter pigebit. Nam quod est excelsissimum conclaue pretiosissima uasa et uestem desiderat, quod denique horreum siccum atque aridum frumentis habetur idoneum, quod frigidum commodissime uinum custodit, quod bene inlustre fragilem supellectilem atque ea postulat opera quae multi luminis indigent. **3.** Praeparatis igitur receptaculis oportebit

5. diurna *SA* : diuturna *R* || cessando *R* : cessendo *SA* || annuus *R* : annus *SA*.
6. is *Sp* : his *AR* || eiusmodi *SA* : huius- *R*.

2. recondita *tp* : -tae *R*, *om.SA* || et *codd.* : ut *uett.* || unde *R* : *om.SA* || in primo... in undecimo *R* || uilico *SA* : officio uilici *R*.
2. denique *SAR* : deinde *p* || commodissime *SR* : -issimi A^1 -isim A^2 || supellectilem *R* : superlec- *SA*.

il faudra placer chaque chose en son lieu selon sa catégorie, et même certaines dans un endroit spécial, afin de retrouver plus facilement ce dont on aura besoin. En effet un vieux proverbe dit que la plus grande preuve de pauvreté, quand on a besoin de quelque chose, est de ne pouvoir l'utiliser parce qu'on ignore où on a laissé ce qui fait défaut. C'est pourquoi, dans les affaires domestiques, il en coûte plus de peine d'être négligent que d'être méticuleux.

4. Qui pourrait douter en effet que, dans toutes les situations de la vie, rien n'est plus beau que l'arrangement et l'ordre, comme on peut souvent le reconnaître aussi dans les spectacles divertissants ? En effet, si le chœur des chanteurs ne s'accorde sur des modes déterminés et sur le rythme indiqué par le maître qui dirige, il semble faire entendre aux auditeurs des sons discordants et désordonnés ; mais s'il s'accorde et chante à l'unisson comme de concert sur une mesure et une cadence déterminées, cette harmonie des voix non seulement produit des sons agréables et doux pour les chanteurs, mais aussi charme d'un très vif plaisir les spectateurs et les auditeurs. **5.** Dans une armée non plus, ni le soldat ni le général ne peuvent manœuvrer sans ordre ni disposition, si, se mêlant les uns aux autres, les hommes armés jettent le désordre chez ceux qui sont sans armes, la cavalerie dans l'infanterie, les chariots dans la cavalerie. Le même principe de préparation et d'ordre est de la plus haute importance aussi pour les vaisseaux, car, s'il survient une tempête et que tout est à sa place régulière sur le navire, le préposé prend sans hésitation chaque agrès placé en son lieu, quand le chef en fait la demande. **6.** Et si cela a tant d'importance dans les théâtres ou dans les armées ou encore sur les vaisseaux, on ne saurait douter que les soins de l'intendante requièrent l'ordre et l'arrangement des objets qu'elle met en réserve. En effet on voit plus facilement chaque chose quand elle a une place assignée et, si

suo quidque loco generatim atque etiam specialiter nonnulla disponere, quo facilius, cum quid expostulabit usus, recipere possit. Nam uetus est prouerbium paupertatem certissimam esse, cum alicuius indigeas, uti eo non posse, quia ignoretur ubi proiectum iaceat quod desideratur. Itaque in re familiari laboriosior est neglegentia quam diligentia.

4. Quis enim dubitet nihil esse pulchrius in omni ratione uitae dispositione atque ordine, quod etiam ludicris spectaculis licet saepe cognoscere. Nam ubi chorus canentium non ad certos modos neque numeris praeeuntis magistri consensit, dissonum quiddam et tumultuosum audientibus canere uidetur; at ubi certis numeris ac pedibus uelut facta conspiratione consensit atque concinuit, ex eiusmodi uocum concordia non solum ipsis canentibus amicum quiddam et dulce resonat, uerum etiam spectantes audientesque laetissima uoluptate permulcentur. **5.** Iam uero in exercitu neque miles neque imperator sine ordine ac dispositione quicquam ualet explicare, cum armatus inermem, eques peditem, plaustrum equitem, si sint permixti, confundant. Haec eadem ratio praeparationis atque ordinis etiam in nauigiis plurimum ualet. Nam ubi tempestas incessit et est rite disposita nauis, suo quidque ordine locatum armamentum sine trepidatione minister promit, cum est a gubernatore postulatum. **6.** Quod si tantum haec possunt uel in theatris uel in

3. recipere *SAR* : reperiri *mby* || indigeas *R* : -eat *SA* || uti *SR* : ut *A*.

4. uidetur S^2AR : -dentur S^1.

5. ualet *S* : ualeat *AR* || peditem *R* : perdi- *SA* || equitem *SApt* : -tes *R* || eadem *R* : enim *SA* || suo quidque *p* : suo quitque *S* suoque quid *Amb* suoque quidque *R*.

théâtres ou dans les armées ou encore sur les vaisseaux, on ne saurait douter que les soins de l'intendante requièrent l'ordre et l'arrangement des objets qu'elle met en réserve. En effet on voit plus facilement chaque chose quand elle a une place assignée et, si par hasard elle n'y est pas, la place vide avertit d'avoir à rechercher ce qui manque ; d'autre part, si telle chose a besoin d'être surveillée ou réparée, on s'en aperçoit plus facilement quand on la voit à sa place ordinaire. Marcus Cicéron, qui, sur tous ces points, a suivi l'autorité de Xénophon dans son *Économique*, présente ainsi l'exposé d'Ischomaque répondant à une question de Socrate :

3 **1.** « Après avoir préparé les emplacements convenables, nous avons commencé par y répartir les ustensiles et les meubles [1]. Nous avons d'abord mis à part les objets usuels du culte divin, puis les habits des femmes prêts pour les jours de fête, ensuite ceux des hommes pour la guerre, ainsi que les parures pour les solennités, et aussi les chaussures propres aux deux sexes ; on tenait aussi à part les armes et les traits et, dans un autre quartier, les instruments servant au travail de la laine ; **2.** on rangeait ensuite les récipients destinés à la préparation des aliments : puis on disposait ceux qui servent au bain, à la toilette, aux repas quotidiens et aux festins : ensuite, parmi ce qui est d'usage journalier, nous avons mis de côté le service d'un

1. Le texte de 3, 1-4 est la traduction d'*Économique*, 9, 6-10, passage où Socrate rapporte les propos d'Ischomaque, un homme aisé d'Athènes, qui se rend tous les jours à sa campagne pour en surveiller les travaux. Cela ne doit pas être oublié quand on considère les temps des verbes.

exercitibus uel etiam in nauigiis, nihil dubium est quin cura uilicae ordinem dispositionemque rerum quas reponit desideret. Nam et unumquidque facilius consideratur, cum est adsignatum suo loco, et, si quid forte abest, ipse uacuus locus admonet ut quod deest requiratur; si quid uero curari aut concinnari oportet, facilius intellegitur, cum ordine suo recensetur. De quibus omnibus Marcus Cicero auctoritatem Xenophontis secutus in Oeconomico sic inducit Ischomachum sciscitanti Socrati narrantem :

1. « Praeparatis idoneis locis instrumentum et supel- **3**
lectilem distribuere coepimus. Ac primum ea secreuimus quibus ad res diuinas uti solemus, postea mundum muliebrem, qui ad dies festos comparatur, deinde ad <bellum> uirilem, item dierum sollemnium ornatum nec minus calciamenta utrique sexui conuenientia ; tum iam seorsum arma ac tela separabantur et in altera parte, quibus <ad> lanificia utuntur ; **2.** post, quae ad cibum comparandum uasa adsolent construebantur ; inde quae ad lauationem, quae ad exornationem, quae ad mensam cotidianam atque epulationem pertinent exponebantur ; postea ex his quibus cotidie utimur, quod menstruum esset seposuimus ; annuum quoque in

6. unumquidque *p* : -quitque *SA* -quodque *mbü* || consideratur *pü* : -ratum *SAR* || deest *R* : dees *SA* || recensetur *AR* : -sentur *S* || xenophontis *R* : -phontes *A* -fontis *S* || ischomachum *edd.* : isto- *t* scho- *S* sco- *A* sto- *R*.

3. bellum *add. Schott ex Xen., Econ. 9, 6,* πόλεμον : bella *Schn.*, *om. codd.* || separabantur *SA* : -buntur *R* preparabantur *y* -bunt *mb* || ad *Ald* : *om. codd.*

2. quae *codd.* : quibus *Schn.*, *F.-H.*, *Richter* || uasa SA^1 : uasa ut A^2R uasa uti *Richter* uasis uti *Schn.*, *F.H.* || menstruum *AR* : -trum *S* || seposuimus *SR* : pos- *A* || annuum *S* : annum *AR*.

mois [2] et nous avons fait deux parts de celui d'une année, car on voit ainsi bien mieux quand on arrivera au bout. **3.** Après toute cette distribution, nous avons donné encore sa place à chaque objet. Puis ceux qu'utilisent chaque jour les esclaves [3] pour le travail de la laine, la cuisson et la préparation des aliments ont été confiés à ceux-mêmes qui doivent en faire usage ; nous leur en avons montré l'emplacement et leur avons recommandé de les tenir en bon état. **4.** Ceux qu'on utilise les jours de fête, quand surviennent des hôtes et en quelques rares circonstances, nous les avons confiés à l'économe en lui montrant la place de chacun ; nous lui avons fait le compte du tout ; nous avons pris nous-mêmes ce compte par écrit et nous lui avons signifié qu'il doit savoir où prendre tout le nécessaire pour le donner, et se souvenir et noter ce qu'il a donné, quand et à qui, et, quand cela aura été rendu, remettre chaque objet à sa place ».

5. Les anciens nous ont donc transmis par l'intermédiaire d'Ischomaque les préceptes d'activité et de vigilance que nous indiquons en ce moment à l'intendante. Cependant elle ne devra pas avoir pour unique soin de garder sous clef ce qu'on aura apporté à la maison et ce qu'elle aura reçu, mais devra l'examiner de temps à autre et veiller à ce que les meubles et les vêtements en dépôt ne se détériorent ou que les provisions ou les autres ustensiles ne s'abîment par sa négligence ou sa paresse. **6.** Les jours de pluie ou quand les froids ou les frimas empêchent une femme de travailler aux champs en plein air, elle reviendra au travail de la laine, et tiendra des laines préparées et peignées, de façon à pouvoir plus aisément faire ce travail

2. Xénophon est ici beaucoup plus clair que la traduction cicéronienne. Il s'agit seulement de la dépense et des provisions, 9, 8 : « Nous mettons également à part ce que l'on dépense mois par mois (τὰ κατὰ μῆνα δαπανώμενα) et serrons aussi à part ce qui est calculé pour une année : on voit mieux ainsi comment ces provisions iront jusqu'au bout ». Dans la traduction de Cicéron, les provisions annuelles sont divisées en deux parts, en gros automne-hiver et printemps-été.

duas partes diuisimus ; nam sic minus fallit, qui exitus futurus sit. **3.** Haec postquam omnia secreuimus, tum suo quaeque loco disposuimus. Deinde, quibus cotidie seruuli utuntur, quae ad lanificia, quae ad cibaria coquenda et conficienda pertinent, haec ipsis qui his uti solent tradidimus et, ubi exponerent, demonstrauimus et ut salua essent praecepimus. **4.** Quibus autem ad dies festos et ad hospitum aduentum utimur et ad quaedam rara negotia, haec promo tradidimus et loca omnium demonstrauimus et ei omnia adnumerauimus atque adnumerata ipsi exscripsimus eumque monuimus ut, quodcumque opus esset, sciret unde daret, et meminisset atque adnotaret quid et quando et cui dedisset, et cum recepisset, ut quidque suo loco reponeret ».

5. Igitur haec nobis antiqui per Ischomachi personam praecepta industriae ac diligentiae tradiderunt quae nunc nos uilicae demonstramus. Nec tamen una eius esse cura debebit ut clausa custodiat quae tectis inlata receperit, sed subinde recognoscat atque consideret ne aut supellex uestisue condita situ dilabatur aut fruges aliaue utensilia neglegentia desidiaque sua corrumpantur. **6.** Pluuiis uero diebus, uel cum frigoribus aut pruinis mulier sub dio rusticum opus obire non potuerit, ut ad lanificium reducatur praeparataeque sint et pectitae lanae, quo facilius iusta lanificio persequi

2. duas *SR* : ducas *A* || diuisimus *SR* : -sas *A*.
3. ad...ad S^2AR : at...at S^1 || conficienda *SR* : -do *A* || ipsis qui his *SA* : ipse quis *bhmy* ipsa qui *r* || exponerent *SA* : ea ponerent *R*.
4. *alt.* ad *SR* : at *A* || promo *Gesn.* : primo S^2AR -ma S^1 || ei omnia *SAR* : omnia *Pontedera, Schn., H.-F.* cuique sua *Ald., Richter* || monuimus *SA* : admon- *R, F.-H., Richter.*
5. nobis S^2R : noui S^1A || isquomachi *q* scom- *SAbm* || demonstramus *SAR* : -auimus *hlpbm* || cura esse *SA* : esse cura *R*.
6. dio *SA* : diuo *R* || persequi atque S^2R : -quat quae S^1A.

et le donner à exécuter. En effet, il ne sera pas mauvais que l'on confectionne à la maison les vêtements pour elle-même, pour les surveillants et pour les autres esclaves bien notés, afin de soulager le budget du propriétaire.

7. Elle devra en outre toujours s'assurer, quand le personnel a quitté la ferme, des gens qui devront travailler au dehors dans les champs et, si, comme cela se produit, l'un d'eux, en traînassant dans la maison, a trompé la vigilance de son compagnon, elle s'informera du motif de son oisiveté et vérifiera s'il est resté pour cause de maladie ou s'il s'est caché par paresse ; et même si elle a découvert qu'il simulait la maladie, elle le conduira sans retard à l'infirmerie ; il vaut mieux en effet qu'un homme fatigué par le travail se repose sous surveillance un ou deux jours plutôt que de contracter une vraie maladie par un excès de fatigue.

8. Elle devra enfin rester le moins possible à la même place, car sa charge n'est pas sédentaire, au contraire, elle devra tantôt se mettre au tissage et donner des leçons si elle est plus habile ; sinon, en recevoir de celui qui en sait davantage ; tantôt surveiller ceux qui préparent la nourriture du personnel, mais aussi veiller à la propreté de la cuisine, des étables et aussi des crèches ; aérer aussi et nettoyer de temps à autre les infirmeries, même en l'absence de malades, afin que, quand les circonstances l'exigeront, les malades les trouvent bien tenues et salubres ; **9.** elle devra aussi être là quand les économes et les dépensiers auront à peser ou à mesurer quelque chose,

atque exigere possit. Nihil enim nocebit, si sibi atque actoribus et aliis in honore seruulis uestis domi confecta fuerit, quo minus patris familiae rationes onerentur.

7. Illud uero etiam in perpetuum custodiendum habebit ut eos qui foris rusticari debebunt, cum iam e uilla familia processerit, requirat, ac si quis, ut euenit, curam contubernalis eius intra tectum tergiuersans fefellerit, causam desidiae sciscitetur exploretque utrum aduersa ualetudine inhibitus restiterit an pigritia delituerit, et, si compererit uel simulantem languorem, sine cunctatione in ualetudinarium deducat ; praestat enim opere fatigatum sub custodia requiescere unum aut alterum diem quam pressum nimio labore ueram noxam concipere.

8. Denique uno loco quam minime oportebit eam consistere ; neque enim sedentaria eius opera est, sed modo ad telam debebit accedere ac, si quid melius sciat, docere, si minus, addiscere ab eo qui plus intellegat ; modo eos qui cibum familiae conficiunt inuisere, tum etiam culinam et bubilia nec minus praesepia emundanda curare ; ualetudinaria quoque, uel si uacent ab inbecillis, identidem aperire et inmunditiis liberare, ut, cum res exegerit, bene ordinata et salubria languentibus praebeantur ; **9.** promis quoque et cellariis aliquid appendentibus aut met*i*entibus interuenire, nec minus

6. si *om. Ap.*

7. foris SA^2R : forus A^1 || processerit *SR* : recess- *A* || delituerit *SR* : dili- *A* || et si compererit S^2AR : *om.* S^1.

8. ad S^2A^2R : at S^1A^1 || cibum S^2A^2R : cium S^1A^1 || culinam *R* : -na *SAy* || bubilia *R* : bouilia *SA* || praesepia emundanda S^2 : -piae mundanda S^1A -pia mundanda *R* || uacent *AR* : uagent *S*.

9. appendentibus *p* : adtend- *A* attend- S^2R ac tend- S^1 || aut metientibus *uett.* : aut metuen- *R, Hedberg, om. SA, H.-F., Richter.*

et aussi être présente quand les bergers font la traite dans les étables ou font téter les agneaux ou autres jeunes bêtes, assister en tout cas à la tonte, recueillir avec soin les laines, et comparer le nombre des toisons avec celui des moutons ; veiller à ce que le personnel employé à l'intérieur sorte les meubles à l'air, nettoie les cuivres, les fasse briller et en ôte la rouille, et donner aux ouvriers pour le remettre en état tout ce qui a besoin de réparation. **10.** Enfin, tout ceci étant réglé, je pense que cette répartition ne sera profitable qu'autant que, comme je l'ai dit, l'intendant très souvent, mais aussi le maître ou la maîtresse de temps à autre, auront inspecté et veillé au maintien de l'ordre établi. C'est ce qu'on a aussi toujours observé dans les cités bien policées, dont les chefs et les notables ne jugeaient pas suffisant d'avoir de bonnes lois, s'ils n'avaient préposé à leur garde des citoyens scrupuleux, que les Grecs appellent *nomophylaques* [4]. **11.** Ils avaient pour rôle de décerner des louanges et des honneurs à ceux qui obéissaient aux lois, et de punir ceux qui n'obéissaient pas. C'est ce que font maintenant les magistrats qui maintiennent la force des lois par une constante application de la justice. Mais en voilà assez sur l'administration générale.

4 **1.** Nous donnerons maintenant des préceptes sur les autres sujets que nous n'avons pas traités dans les livres précédents, parce que nous les réservions aux fonctions de l'intendante, et, pour garder un ordre, nous commence-

4. Gr. νομοφύλαξ « gardien des lois », nom des magistrats chargés de veiller à l'exécution des lois dans certaines cités grecques. Développement inspiré de Xénophon, *Écon.* 9, 14 : « Par là-dessus, ajoutait-il, j'ai dit à ma femme, Socrate, que toutes ces dispositions ne servaient de rien, si elle ne veillait pas elle-même à ce que chaque chose reste bien à sa place. Et je lui enseignais que, dans les états bien policés, les citoyens ne jugent pas suffisant de se donner de bonnes lois, mais en outre ils désignent des *gardiens des lois* ; ceux-ci exercent une surveillance, louent quiconque se conforme aux lois, punissent quiconque les viole. » (trad. P. Chantraine).

interesse pastoribus in stabulis fructum cogentibus aut fetus ouium aliarumue pecudum subrumantibus ; tonsuris uero earum utique interesse et lanas diligenter percipere et uellera ad numerum pecoris recensere ; tum insistere atriensibus, ut supellectilem exponant ; et aeramenta detersa nitidentur atque rubigine liberentur, ceteraque quae refectionem desiderant fabris concinnanda tradantur. **10.** Postremo, his rebus omnibus constitutis, nihil hanc arbitror distributionem profuturam, nisi, ut iam dixi, uilicus saepius et aliquando tamen dominus aut matrona considerauerit animaduerteritque ut ordinatio instituta conseruetur. Quod etiam in bene moratis ciuitatibus semper est obseruatum, quarum primoribus atque optimatibus non satis uisum est bonas leges habere, nisi custodes earum diligentissimos ciues creassent, quos Graeci νομοφύλακας appellant. **11.** Horum erat officium eos qui legibus parerent laudibus prosequi nec minus honoribus, eos autem qui non parerent poena multare, quod nunc scilicet faciunt magistratus adsidua iurisdictione uim legum custodientes. Sed haec in uniuersum administranda tradidisse abunde sit.

1. Nunc de ceteris rebus quae omissae erant priori- **4**
bus libris, quoniam uilicae reseruabantur officiis, praecipiemus et, ut aliquis ordo custodiatur, incipiemus a

9. aut *pty* : aut ut *SAR* || uero *SA* : uerum *R* || utique *SAbm* : etiam *hr*^{1} *y*^{1} || lanas *SA* : lanas etiam *R* || recensere *RA*^{2} : -seri *S*^{2} -ser *S*^{1}*A*^{1} || atriensibus *pü* : -tibus *SAR* || nitidentur *R* : nidentur *SA*.
10. profuturam *SAR* : -rum *hbmy* || instituta *R* : consti- *SA* || ciuitatibus *AR* : ciuilibus *S* || creassent *p* : *om.* *SAR* || νομοφύλακας *SAh* : *om.* *R* || appellant *S*^{1}*R* : -llabant *S*^{2}*Ay*.

4. reseruabantur *SA* : -uantur *p* seruabantur *ü*.

rons par le printemps, puisque, les semailles de blé hâtif et de trémois se trouvant presque terminées, elle a du temps libre désormais pour exécuter ce que nous allons maintenant enseigner.

2. La tradition veut que les auteurs carthaginois et grecs, et aussi romains, n'aient pas négligé le soin des petites choses : les Carthaginois Magon et Hamilcar [1], que paraissent avoir suivis Mnaséas et Paxamus [2], écrivains grecs non sans réputation, et enfin des écrivains de notre nation, après la fin des guerres, ne dédaignèrent pas d'accorder une sorte de contribution à la nourriture des hommes : ainsi M. Ambivius et Maenas Licinius, et aussi C. Matius [3], qui s'appliquèrent à former par leurs préceptes des boulangers, des cuisiniers et aussi des dépensiers habiles.

3. Selon tous ces auteurs, celui qui assume ces tâches doit être chaste et continent, parce qu'il est essentiel que les boissons ou les aliments ne soient maniés que par des impubères ou tout au moins par des personnes s'abstenant tout à fait d'actes sexuels ; qui s'y sera livré, homme ou femme, devra se laver dans une rivière ou dans une eau courante avant de toucher les provisions ; c'est pourquoi il est nécessaire de faire prendre par un jeune garçon ou une jeune fille les provisions requises pour l'usage. **4.** Après cette prescription, ils ordonnent de préparer le local et les récipients destinés aux conserves : le local doit tourner le dos au soleil, être le plus frais et le plus sec possible, de peur que les provisions ne se gâtent et moisissent ; les récipients, de terre ou de verre, seront plutôt nombreux

1. Magon, auteur carthaginois, dans la 1re moitié du 2e s.a.C., d'un traité d'agriculture en langue punique en 28 livres, traduit en latin sur ordre du sénat après la prise de Carthage en 146 a.C. par D. Iunius Silanus, puis en grec vers 90 a.C. par Cassius Dionysios d'Utique : Col. 1, 1, 10 ; 1, 1, 13 ; sur Magon et son traité d'agriculture, cf. R. Martin, *Recherches sur les agronomes latins* (1971), p. 43-52 ; J. Heurgon, *Magon et ses traducteurs en latin et en grec*, in *CRAI*, 1975, p. 441-456.

uerno tempore, quoniam fere maturis atque trimenstribus consummatis sationibus uacua tempora iam contingunt ad ea exequenda quae deinceps docebimus.

2. Paruarum rerum curam non defuisse Poenis Graecisque auctoribus atque etiam Romanis memoria tradidit : nam et Mago Carthaginiensis et Hamilcar, quos secuti uidentur Graecae gentis non obscuri scriptores Mnaseas atque Paxamus, tum demum nostri generis, postquam a bellis uacuum fuit, quasi quoddam tributum uictui humano conferre non dedignati sunt, ut Marcus Ambiuius et Maenas Licinius, tum etiam Caius Matius, quibus studium fuit pistoris et coqui nec minus cellarii diligentiam suis praeceptis instruere. **3.** His autem omnibus placuit eum qui rerum harum officium susceperit castum esse continentemque oportere, quoniam totum in eo sit ne contrectentur pocula uel cibi nisi aut inpubi aut certe abstinentissimo rebus ueneriis ; quibus si fuerit operatus uel uir uel femina, debere eos flumine aut perenni aqua, priusquam penora contingant, ablui ; propter quod his necessarium esse pueri uel uirginis ministerium, per quos promantur quae usus postulauerit. **4.** Post hoc praeceptum locum et uasa idonea salgamis praeparari iubent : locum esse debere auersum a sole, quam frigidissimum et siccissimum, ne situ penora mucorem contrahant ; uasa autem fictilia uel uitrea, plura potius quam ampla, et eorum alia recte

1. *post* quoniam *lacunam susp. Richter* || fere *codd.* : uere *Ald.* || trimenstribus *SA* : trimes- *R* || contingunt S^2AR : -gant S^1.

2. mago *SR* : magon A^2 magis A^1 || mnaseas *SAR* : magnaseas *p* || paxamus *Ald.* : phaxa- *AR* phasa- *t* phaxames *S* || demum *AR* : deinde *S* || maenas *ed. pr.* : mecenas *Sm* macenas y^2 bastenas y^1 bascenas *Ah* || diligentiam *SR* : -tius *A*.

3. susceperit *SAR* : susciperet *p* || inpubi *SA* : ab impubis *R* || ueneriis *SA* : -reis *R*.

que grands, certains bien poissés, certains dans leur état naturel selon que la nature de la conserve l'exigera. **5.** On aura la précaution de les fabriquer avec une large ouverture, d'un diamètre égal jusqu'au fond et non en forme de jarres, afin que, si on extrait de la conserve pour l'usage, ce qui reste descende au fond sous une égale pression ; ce procédé en effet conserve les provisions inaltérées, quand elles ne surnagent pas et sont toujours recouvertes par le liquide, ce qui est difficile à obtenir dans la « panse » d'une jarre à cause de sa forme irrégulière. Pour ces usages, l'emploi du vinaigre et de saumure forte est très nécessaire. Voici comment on obtient l'un et l'autre.

5 Comment faire du vinaigre avec du vin éventé.

1. Pour quarante-huit setiers, broyez ensemble une livre de levain, un quart de livre de figues sèches et un setier de sel ; délayez après avoir broyé dans du vinaigre avec un quart de setier de miel, et ajoutez ainsi à la quantité <de vin> indiquée. Certains ajoutent à cette même quantité quatre setiers d'orge grillée, quarante noix enflammées et une demi-livre de menthe verte. **2.** Certains font chauffer et portent au rouge des morceaux de fer, et les plongent dans la même quantité de vin ; puis, ils font brûler cinq ou six pommes de pin vides de leurs amandes et les y jettent tout enflammées ; d'autres font de même avec des cônes d'épicéa enflammés.

picata, nonnulla tamen pura, prout condicio conditurae exegerit. **5.** Haec uasa dedita opera fieri oportere patenti ore et usque ad imum aequalia nec in modum doliorum formata, ut, exemptis ad usum salgamis, quidquid superest aequali pondere usque ad fundum deprimatur, quoniam ea res innoxia penora conseruet, ubi non innatent sed semper sint iure summersa ; quod in utero dolii fieri uix posse propter inaequalitatem figurae ; maxime autem ad haec necessarium esse aceti et durae muriae usum ; quae utraque sic confieri :

Vinum uapidum fieri acrius. **5**

1. In sextarios quadraginta octo fermenti libram, fici aridi pondo quadrantem, salis sextarium ; haec subterito et subtrita cum quartario mellis aceto diluito atque ita in praedictam mensuram adicito. Quidam hordei tosti sextarios quattuor et nuces ardentes iuglandes quadraginta et mentae uiridis pondo selibram in eandem mensuram adiciunt. **2.** Quidam ferri massas exurunt, ita ut ignis speciem habeant, easque in eandem mensuram demittunt, tum etiam exemptis nucleis ipsas nuces pineas uacuas numero v uel sex incendunt et ardentis eodem demittunt, alii nucibus sappineis ardentibus idem faciunt.

4. condicio *S* : -ditio *AR*.
5. oportere *S* : -tet *AR* || patenti *SA* : -te *R* || doliorum A^2R : doleo- S^1 dolo- A^1 oleo- S^2 || exemptis... salgamis *R* : -tum... -mum *S* -tis... -mum *A* || quoniam *SA* : cum *R* || innatent *j, edd.* : -tant *SAR*, *Richter* -tet *cü* || fieri uix *SA* : uix fieri *R* || haec *SA* : hoc *R* || usum *R* : usuum *SA*.

5. quadraginta octo *SA* : duodequinquaginta *R* || aridi *SA* : -dae *R* || subtrita *SR* : -to *A* || ardentes *SA* : -tis *R*.
2. demittunt *üt* : dim- *SAR* || uacuas *R* : -as quas *SA* || demittunt *üt* : dim- *SAR* || sappineis *SAR* : sapi- *jp*.

6 **De la saumure forte.**

1. Faites ainsi la saumure forte [1] : placez une jarre dont l'ouverture soit la plus grande possible dans la partie de la ferme la plus exposée au soleil ; emplissez cette jarre d'eau de pluie — c'est en effet la plus appropriée à cette préparation — ou, à défaut d'eau de pluie, d'eau de source de saveur très douce ; placez alors <dans l'eau> une corbeille de jonc ou de joncier [2] que vous remplirez de sel blanc, afin que la saumure soit plus blanche. Quand on verra pendant quelques jours ce sel fondre, on en conclura aussi que la saumure n'est pas encore faite. **2.** C'est pourquoi on ajoutera encore du sel de temps en temps, jusqu'à ce qu'il reste entier dans la corbeille sans diminuer ; voyant cela, on saura que la saumure est faite ; et si vous voulez en préparer d'autre, versez celle-ci dans des vases bien poissés et tenez-la couverte au soleil ; car l'action du soleil empêche toute moisissure et procure une bonne odeur. Il existe encore un autre procédé pour vérifier si la saumure est parfaite : quand on y plonge du fromage frais, s'il s'enfonce, on saura qu'elle est encore imparfaite ; s'il surnage, qu'elle est à point.

7 **Les herbes qu'il faut cueillir.**

1. Une fois ces préparations faites, il faudra, vers l'équinoxe de printemps, cueillir des herbes et les mettre

1. Ce procédé de préparation de la saumure ressemble assez à celle du sel blanc dans Caton, *Agr.* 88 : « Faites ainsi le sel blanc : prenez une amphore propre au col cassé (cf. *quam patentissimi oris* de Col.), remplissez-la d'eau pure, mettez-la au soleil. Suspendez-y une faisselle avec du sel ordinaire, secouez et remplissez à plusieurs reprises ; faites-le plusieurs fois par jour jusqu'à ce que le sel ait cessé de fondre depuis deux jours ».

2. *sparteam* : de *spartum*, le joncier ou genêt d'Espagne (*Spartium junceum* L.), qui donne aussi de la filasse pour faire des toiles et des cordes.

De muria dura. 6

1. Muriam duram sic facito : dolium quam patentissimi oris locato in ea parte uillae quae plurimum solis accipit ; id dolium aqua caelesti repleto — est ea enim huic aptissima — uel, si non fuerit pluuiatilis, certe fontana dulcissimi saporis ; tum indito sportam iunceam uel sparteam, quae replenda est sale candido, quo candidior muria fiat ; cum salem per aliquot dies uidebis liquescere, et ex eo intelleges nondum esse muriam maturam. **2.** Itaque subinde alium salem tamdiu ingeres, donec in sporta permaneat integer nec minuatur ; quod cum animaduerteris, scies habere muriam maturitatem suam ; et, si facere aliam uolueris, hanc in uasa bene picata diffundes et opertam in sole habebis ; omnem enim mucorem uis solis aufert et odorem bonum praebet. Et est aliud muriae maturae experimentum ; nam ubi dulcem caseum demiseris in eam, si pessum ibit, scies esse adhuc crudam, si innatabit, maturam.

Quas herbas legi oportet. 7

1. His praeparatis circa uernum aequinoctium herbas in usum colligi et reponi oportebit : cymam, caulem,

6. repleto *SR* : respletio *A* || huic *codd.* : huic rei *ed. pr.*, *H.-F.*, *Richter* || replenda *SA*[2]*R* : respl- *A*[1] || candidior *AR* : -dor *S* || cum *jü* : eum *Sp* eam *A* || aliquot *R* : -quod *SA* || ex eo *uett.* : et ex eo *codd.* || intelleges *R* -gis *SA*.

2. permaneat *SR* : -net *A* || opertam *R* : -ta *S*[2] operata *S*[1]*A* || sole *ctü* : solem *SAR* || uis *R* : ui *SA* || et est *SA* : est *R* || demiseris *j* : dim- *SAR*.

7. usum *R* : usu *SA* || caulem *R* : caulo *SA* caulon (καυλόν) *Richter*

en réserve pour l'usage[1] : brocoli, chou, câpres, pousses d'ache, rue, fleurs du maceron avec sa tige, avant qu'elle ne sorte de sa gaîne ; également la fleur fermée de férule la plus tendre possible avec sa tige, la fleur fermée de carotte sauvage ou cultivée avec sa tige, la jeune tige[2] de la bryone, de l'asperge, du fragon, du tamier, de l'orpin, du pouliot, du calament, de la sanve, du crithme et de l'herbe appelée « patte de milan[3] », et même la tige tendre du fenouil. **2.** Toutes ces plantes se conservent bien dans une même préparation, c'est-à-dire dans un mélange de deux parties de vinaigre et une de saumure forte ; mais la bryone, le fragon, le tamier, l'asperge, la sanve, la carotte, le calament et le crithme sont placés séparément dans des bassines, puis saupoudrés de sel et laissés deux jours à l'ombre jusqu'à ce qu'ils ressuent ; ensuite, s'ils ont rendu assez de liquide pour pouvoir être lavés dans leur propre jus, **3.** sinon, en versant dessus de la saumure forte, on les lave et on exprime leur eau sous un poids ; on les met alors chacun dans un vase et on verse par-dessus un mélange, comme je l'ai dit, fait de deux parties de vinaigre et d'une de saumure ; on superpose un tampon de fenouil sec cueilli aux vendanges l'année précédente, de manière à enfoncer les herbes et à faire monter le liquide jusqu'au bord de la jarre.

4. Après avoir cueilli le maceron, la férule et le fenouil, placez-les à l'abri jusqu'à ce qu'ils se flétrissent ; ôtez ensuite les feuilles et toute l'écorce des gaînes[4] ; si les tiges

1. A l'intendante ou à la fermière maîtresse de maison revient la préparation des conserves de légumes pour l'hiver. Ces « légumes » sont d'une façon générale les parties vertes de diverses plantes sauvages ou cultivées conservées dans le vinaigre ou la saumure ; cf. J. André, *L'alimentation et la cuisine à Rome*, p. 45-47. — Pour les pousses de vigne consommées cuites ou confites dans ces liquides, cf. Pline, *nat.* 14, 119 ; pour les conserves de tiges et ombelles de férule, Pline, *nat.* 19, 175.

capparim, apii coliculos, rutam, holeris atri cum suo caule florem, antequam de folliculo exeat, item ferulae cum coliculo silentem quam tenerrimum florem, pastinacae agrestis uel satiuae cum coliculo silentem florem, uitis albae et asparagi et rusci et thamni et digitelli et pulei et nepetae et lapsanae et battis et eius coliculum qui miluinus pes appellatur, quin etiam tenerum coliculum faeniculi. **2.** Haec omnia una conditura commode seruantur, id est aceti duas partes et tertiam durae muriae si miscueris ; sed uitis alba et ruscum et thamnum et asparagus et lapsana et pastinaca et nepeta et battis generatim in alueos conponuntur et sale consparsa biduo sub umbra, dum consudent, reponuntur ; deinde, si tantum remiserunt umoris ut suo sibi iure ablui possint, **3.** si minus, superfusa dura muria, lauantur et pondere inposito exprimuntur ; tum suo quidque uase conditur et ius, ut supra dixi, quod est mixtum duabus partibus aceti et una muriae infunditur, faeniculique aridi quod est per uindemiam proximo anno lectum spissamentum inponitur, ita ut herbas deprimat et ius usque in summum labrum fideliae perueniat.

4. Holus atrum et ferulam et faeniculum cum legeris, sub tecto reponito, dum flaccescat ; deinde folia et corticem omnem folliculorum detrahito ; caules, si

|| florem *SA* : -re *R* || ferulae *SR* : fenile *A* || coliculo *SR* : -le *A* || silentem quam tenerrimum florem *Schn.* : silentes q.t.f. *R* : silentem florem *SA* || coliculo *SA*[2] : -le *A*[1] -lis *R* || asparagi *SR* : asper- *A* || rusci *SR* : rustici *A* || battis *SA* : bactis *R*.

2. conditura *SR* : -tur *A* || ruscum *SA* : -cus *R* rusticum *p* || et lapsana *R* : *om.* *SA* || battis *SA* : bactis *R* || si *uncis secl. Richter* || remiserunt *SAR* : -rint *edd. ab Ald.* || possint *SR* : possunt *A*.

4. cum *SR* : *om.* *A* || flaccescat *üt* : flaces- *S*[2]*R* falaces- S[1] falaccescat *A*[2] -cessat *A*[1] || folia *R* : foliam *SA* || folliculorum *codd.* : coliculorum *Ursin.*, *F. H.*, *Richter.*

sont plus grosses que le pouce, coupez-les et fendez-les en deux avec une lame de roseau [5]. Quant aux fleurs, pour qu'elles ne soient pas trop grosses, on devra les défaire et les séparer, et les jeter ainsi dans les vases, puis les arroser du liquide indiqué ci-dessus, en ajoutant quelques petites racines de laser, que les Grecs appellent σίλφιον [6], puis placer ainsi dessus un tampon de fenouil sec, de manière que le liquide le recouvre. **5.** On fait sécher à l'abri pendant plusieurs jours les brocolis, le chou, les câpres, la « patte de milan », le pouliot, l'orpin, jusqu'à ce qu'ils se flétrissent ; il convient alors de les confire de la même manière que la férule, la rue, la sarriette et l'origan.

Certains conservent la rue simplement dans la saumure forte sans vinaigre, puis, pour en faire usage, la lavent à l'eau ou même au vin et l'arrosent d'huile avant de la consommer. On pourrait facilement avec cette préparation conserver de la sarriette fraîche et également de l'origan frais.

8 Recette de l'oxygala

1. Préparez ainsi l'*oxygala* [1] : prenez un pot neuf et percez-le près du fond ; bouchez le trou que vous aurez pratiqué avec une cheville, remplissez le vase du lait de brebis le plus frais possible et ajoutez-y des bouquets d'assaisonnements verts, origan, menthe, oignon et coriandre. Plongez-y ces herbes dans le lait de façon que leurs liens

5. Pour l'usage courant d'un roseau refendu et affûté comme couteau, cf. ci-dessous 12, 14 (pour des poires) ; 12, 15, 2 (pour des figues vertes) ; 12, 49, 3 (pour des olives) ; Apicius, 7, 3, 2, pour émincer le foie de veau.

6. *laser*, σίλφιον : suc d'une férule de Cyrénaïque (*Ferula tingitana* L.), dit *laser Cyrenaïcum* dans Col., *arb.* 23, 1, et la plante elle-même ; cf. Pline, *nat.* 19, 38-45.

1. L'*oxygala* ou *melca* (du gr. ὀξύγαλα « lait aigre ») est une conserve de lait suri ; voir une autre recette dans *Géopon.* 18, 21 (μέλκη) ; J. André, *L'alimentation et la cuisine*, p. 156-157. — *iuxta fundum* : non pas percer le fond, mais la paroi au niveau du fond, comme dans un tonneau pour le passage de la cannelle.

fuerint pollice crassiores, harundine secato et in duas partes diuidito. Ipsos quoque flores, ne sint inmodici, diduci et partiri oportebit atque ita in uasa condi, deinde ius quod supra scriptum est infundi et paucas radiculas laseris, quod Graeci σίλφιον uocant, adici, tum ita spissamento faeniculi aridi contegi, ut ius superueniat. **5.** Cymam, caulem, capparim, pedem milui, puleium, digitellum compluribus diebus sub tecto siccari, dum flaccescat, et tum eodem modo condiri conuenit quo ferulam, rutam, satureiam, cunelam.

Sunt qui rutam muria tantum dura sine aceto condiant, deinde, cum usus exigit, aqua uel etiam uino abluant et superfuso oleo utantur. Hac conditura possit commode satureia uiridis et aeque uiridis cunela seruari.

Oxygalae compositio. **8**

1. Oxygalam sic facito : ollam nouam sumito eamque iuxta fundum terebrato ; deinde cauum quem feceris surculo obturato et lacte ouillo quam recentissimo uas repleto eoque adicito uiridium condimentorum fasciculos origani, mentae, cepae, coriandri. Has herbas ita in

4. laseris *SA* : lasaris *R* || adici tum *SA* : adiectum *R* || spissamento *SR* : -ta *Ay* || faeniculi *SR* : fenuli *A* || contegi *R* : conteri *SA*.

5. caulem *lt* : caules *ü* caulo *SAR* caulon *Richter* || pedem *SR* : pede *A* || digitellum *AR* : -tillum *S* || rutam satureiam cunelam *codd.* (*sc.* legi oportet, *cf. cap.* 7, *1*) : ruta -a -a *Hedberg* || condiant *R* : -diunt *SA* || hac *S* : haec *AR* || possit *SR* : possint *A*.

8. *Rubr.* oxygalae *SA* : oxi- *R* || oxygalam *SA* : oxi- *R* || terebrato *SR* : tene- *A* || obturato *SR* : obdur- *A* || uas *R* : *om.* *SA* || uiridium *R* : -dum *SA*.

ne soient pas submergés. **2.** Au bout de cinq jours, retirez la cheville dont vous aviez bouché le trou et faites écouler le petit-lait ; puis, quand le lait lui-même aura commencé à couler, bouchez le trou avec la même cheville et, trois jours après, faites écouler le petit-lait, comme on vient de le dire, ôtez et jetez les bouquets d'assaisonnements, puis froissez sur le lait un peu de thym et d'origan secs, ajoutez à votre convenance du poireau à couper haché, et mélangez ; ensuite, après deux jours, faites à nouveau s'écouler le petit-lait, bouchez le trou, ajoutez une quantité suffisante de sel égrugé, et mélangez. Mettez ensuite un couvercle et lutez. Vous n'ouvrirez pas le pot avant d'en avoir le besoin.

Autre recette.

3. Certains cueillent des pousses de grande passerage [2] cultivée ou même sauvage, les font sécher à l'ombre, puis, après en avoir rejeté les tiges, font macérer les feuilles dans la saumure un jour et une nuit ; après les avoir pressées, ils les mettent dans du lait sans autre assaisonnement et ajoutent une quantité de sel suffisante à leur gré ; ils terminent comme nous l'avons indiqué ci-dessus.

Autre recette.

Quelques-uns mettent des feuilles fraîches de grande passerage dans un pot avec du lait doux et, trois jours

2. *lepidium* : la grande passerage (*Lepidium latifolium* L.), cultivée (cf. Col. 11, 3, 41), connue aussi sous le nom de *siliquastrum* (Pline, *nat.* 19, 137 ; 20, 174), utilisée comme condiment et en médecine (Pline, *nat*, 19, 166 ; 20, 181 ; Diosc. 2, 174).

lacte demittito ut ligamina earum extent. **2.** Post diem quintum surculum, quo cauum opturaueras, eximito et serum emittito ; cum deinde lac coeperit manare, eodem surculo cauum obturato, intermissoque triduo, ita ut supra dictum est, serum emittito et fasciculos condimentorum exemptos abicito, deinde exiguum aridi thymi et cunelae aridae super lac destringito concisique sectiui porri quantum uidebitur adicito et permisceto ; mox intermisso biduo rursus emittito serum cauumque obturato et salis triti quantum satis erit adicito et misceto. Operculo deinde inposito oblinito. Non antea aperueris ollam quam usus exegerit.

Alio modo.

3. Sunt qui, satiui uel etiam siluestris lepidii herbam cum collegerunt, in umbra siccent, deinde folia eius, abiecto caule, die et nocte muria macerata expressaque lacti misceant sine condimentis et salis quantum satis arbitrantur adiciant, tum cetera quae supra praecepimus faciant.

Aliter.

Nonnulli recentia folia lepidii cum dulci lacte in olla miscent et post diem tertium, quemadmodum praecepi-

1. demittito *SA* : dim- *R*.
2. diem *SR* : om. A || surculo *SR* : -lum *A* || cauum *SAR* : cauo *p* || triduo S^2R : tridu S^1A || biduo *SA* : triduo *R* || inposito *SA* : -to et *R* || oblinito S^2R : oblinio S^1A || ante *R* : antea *SA*.
3. satiui *R* : satibi *SA* || lepidii *SA* : -di *R* || et *R* : *om. SA* || muria *R* : -iam *SA* || tunc *AR* : tum *S* || faciant *SAp* : fiant *R*.

après, font écouler le petit-lait, comme nous l'avons indiqué. Ils ajoutent ensuite de la vraie sarriette fraîche [3] à des fruits secs de coriandre, d'aneth, de thym et d'ache bien broyés ensemble, et y mêlent du sel bien grillé et tamisé. Ils terminent comme ci-dessus.

9 **Conserve de laitue.**

1. Après avoir nettoyé [1] les tiges de laitue depuis le pied jusqu'à l'endroit où les feuilles paraîtront tendres, il faut les saler dans une bassine et les y laisser un jour et une nuit jusqu'à ce qu'elles rendent la saumure ; on rincera ensuite la saumure et, après les avoir pressées, on les étendra sur des claies jusqu'à ce qu'elles sèchent ; on disposera alors une couche d'aneth sec et de fenouil, on coupera un peu de rue et de poireau et on mêlera le tout ; on arrangera alors les tiges <de laitue> séchées de façon à y interposer des doliques verts entiers [2], qu'on devra faire macérer eux-mêmes préalablement un jour et une nuit dans la saumure forte ; **2.** après les avoir semblablement séchés, on les confit avec les bottes de laitues et on verse par-dessus une sauce faite de deux parties de vinaigre et d'une de saumure ; ensuite on pressera avec un tampon de fenouil sec, de sorte que la sauce surnage ; pour ce faire, la personne chargée de l'opération devra souvent rajouter de la sauce et ne pas laisser se dessécher la conserve, mais essuyer l'extérieur des récipients avec une éponge propre et les rafraîchir avec de l'eau de source la plus fraîche possible.

3. *compertam* a généralement été interprété comme *comparatam*, *inuentam* : *they then find some green favory* (Forster-Heffner), *santoreggia verde, che sono andati a cercare apposta* (Onesti), *dann suchen sie frischen Saturei* (Richter), ou comme *zerpflückt* « effeuillé » (Ahrens). A partir de *comperio* « tenir pour certain », nous lui donnons le sens de « reconnu, sûr », i.e. « véritable ».

1. Par *purgatos* on entendra que la tige est débarrassée des feuilles coriaces du bas et que seules sont conservées les feuilles tendres du sommet.

mus, serum emittunt, deinde compertam satureiam uiridem, tum etiam arida semina coriandri atque anethi et thymi et apii in unum bene trita adiciunt, salemque bene coctum cribratum permiscent. Cetera eadem, quae supra, faciunt.

Lactucae conditura. **9**

1. Caules lactucae ab imo depurgatos eatenus qua tenera folia uidebuntur in alueo sallire oportet diemque unum et noctem sinere, dum muriam remittant, deinde muriam eluere et expressos in cratibus pandere, dum adsiccescant ; tum substernere anethum aridum et faeniculum rutaeque aliquid et porri concidere atque ita miscere ; tum siccatos coliculos ita componere ut passioli uirides integri interponantur, quos ipsos ante dura muria die et nocte macerari oportebit ; **2.** similiterque adsiccatos cum fasciculis lactucarum condi et superfundi ius, quod sit aceti duarum partium atque unius muriae ; deinde arido spissamento faeniculi sic comprimi ut ius supernatet ; quod ut fiat, is qui huic officio praeerit saepe suffundere ius debebit neque pati sitire salgama, sed extrinsecus munda spongea uasa pertergere et aqua fontana quam recentissima refrigerare.

8. compertam *SAR* : comparatam *ü* correptam *p* || thymi *S* : thimi *AR*.

9. sallire *SA* : salire *R* || muriam eluere F.-H. : in muria eluere *SR*, *Hedberg* in murie luere *A* || tum *SR* : dum *A* || aridum *AR* : arididum *S* || coliculos *S* : -colos *Ahm* folliculos *R* || passioli *SA* : phaseoli *p* faseoli *R* || macerari *SA* : -re *R*.
2. is *AR* : his *S* || huic *AR* : huius *S* || neque *SA* : nec *R* || pati sitire *R* : patis nec itinere *SA* || spongea *SA* : -gia *R*.

Conserve de chicorée.

3. De la même façon que la laitue, on confit la chicorée et les sommités de la ronce, ainsi que les jets de thym, de sarriette et d'origan, et même de ravenelles. Les préparations mentionnées ci-dessus se font au printemps.

10 **1.** Nous enseignerons maintenant ce qui doit être récolté et mis en conserve pendant l'été, vers l'époque de la moisson ou même quand elle est achevée.

Conserve d'oignon

Choisissez l'oignon de Pompéi ou d'Ascalon ou encore l'oignon simple des Marses, que les paysans appellent *unio* [1] ; c'est celui qui n'a pas poussé de jets et n'a pas donné de caïeux. **2.** Faites-le d'abord sécher au soleil [2], puis, après l'avoir fait rafraîchir à l'ombre, placez-le dans un vase de terre sur une couche de thym ou d'origan et, après avoir versé une sauce faite de trois parties de vinaigre et d'une saumure, placez au-dessus un bouquet d'origan de manière à enfoncer l'oignon ; quand il aura absorbé la sauce, complétez le récipient avec le même mélange.

C'est dans le même temps qu'on confit les cornouilles,

1. Sur les diverses espèces d'oignons connues des Grecs et des Latins, cf. Pline, *nat.* 19, 101-107. — L'*Ascalonia cepa*, gr. 'Ασκαλώνιον κρόμμυον) « oignon d'Ascalon » en Syrie, n'est pas l'échalote, mais une race horticole d'oignon, cf. Col. 11, 3, 57 ; Pline, *l.c.* ; — *unio*, sans doute le même mot que *unio* « perle », étymon du fr. *oignon*.

2. On conservait l'oignon de différentes façons : comme ici dans un mélange de saumure et de vinaigre, mais aussi dans la balle de céréales (Pline, *nat.* 19, 106) et dans l'*hallex*, chair de poisson en décomposition servant en particulier à la préparation du *garum* (Mart. 3, 77, 5).

Intibi.

3. Simili ratione intibum et cacumina rubi, qua lactucam, condire oportet nec minus thymi et satureiae et origani, tum etiam armoraciorum cymam. Haec autem, quae supra scripta sunt, uerno tempore conponuntur.

1. Nunc quae per aestatem circa messem uel etiam exactis iam messibus colligi et reponi debeant praecipiemus.

Cepae conditura.

Pompeianam uel Ascaloniam cepam uel etiam Marsicam simplicem, quam uocant unionem rustici, eligito ; ea est autem quae non fruticauit nec habuit suboles adhaerentis. **2.** Hanc prius in sole siccato, deinde sub umbra refrigeratam, substrato thymo uel cunela, componito in fidelia et infuso iure, quod sit aceti trium partium et unius muriae, fasciculum cunelae superponito, ita ut cepa deprimatur ; quae cum ius combiberit, simili mixtura uas suppleatur.

Eodem tempore corna et pruna onychina et pruna

3. rubi *ptü* : rubis *bhm* rub *A* rum *S* ruti *F.-H., Richter* || lactucam *ae, uett., Hedberg* : -ca *SR* lactura *A* || condire *SAR* : -ri *p* || armoraciorum *ctü* : -tiorum SA^2 -tioro A^1.

10. nunc S^2 : nun *A* num *R* non S^1 || messibus A^2R : mensi- SA^1p || unionem *R* : uniuersi *SA* || fruticauit *S* : fructi- *p* fructificauit *AR* || suboles S^1A : sob- S^2R.

2. refrigeratam *SR* : -tum *A* || cunelae *SR* : curtela *A* || uas suppleatur *R* : uasuple- *SA* || onychina et pruna *om.* S^1 || onychina *b* : -cina *A* onycima S^2.

les prunes d'onyx [3], les prunelles, ainsi que les diverses espèces de poires et de pommes.

Conserves de cornouilles et de prunes.

3. Les cornouilles, dont nous usons en guise d'olives [4], ainsi que les prunelles et les prunes d'onyx, doivent être cueillies encore fermes et pas très mûres, sans être pourtant trop vertes ; on les laissera sécher un jour à l'ombre, puis on versera dessus un mélange à parties égales de vinaigre et de *sapa* ou de *defrutum* [5]. On devra ajouter un peu de sel pour empêcher la naissance de vers ou d'autres animaux. Mais on les conserve mieux dans un mélange de deux parties de *sapa* et d'une de vinaigre.

Préparation des poires, des pommes et des autres fruits.

4. Cueillez avant maturité, sans pourtant qu'elles soient très vertes, les poires de Dolabella, les crustumines, les royales, les poires de Vénus, les volèmes, les naevianes, les latérisianes, les décimianes, les laurées, les *myrapia* et les pourprées, vérifiez bien qu'elles soient saines, sans défaut ou sans vers ; placez-les dans une jarre de terre poissée, que vous remplirez avec du *passum* [6] ou du *defrutum*, de manière que tous les fruits en soient recouverts. Posez ensuite un couvercle et lutez au plâtre [7].

5. Il m'a paru nécessaire, d'une façon générale, d'indiquer qu'il n'est aucune sorte de fruit qui ne puisse être

3. *onychina pruna* : espèce de prunes non autrement connue, nommées pour leur couleur. Pline, *nat.* 15, 55, cite des *pira onychina*, poires nommées *a colore*. La pierre onyx la plus estimée des anciens avait la couleur du miel (*mellei coloris*, Pline, *nat.* 36, 61).

4. Le fruit comestible du cornouiller mâle (*Cornus mas* L.), dont le noyau, semblable à une olive, renferme une amande propre à fabriquer de l'huile (cf. E. Alphandéry, *Flore mellifère*, p. 163). On conservait ce fruit comme les olives (Diosc. 1, 119).

siluestria nec minus genera pirorum et malorum condiuntur.

Corna et pruna condire.

3. Corna, quibus pro oliuis utamur, item pruna siluestria et pruna onychina adhuc solida nec maturrima legenda sunt, nec tamen nimium cruda ; deinde uno die umbra siccanda ; tum aequis partibus acetum et sapa uel defrutum misceatur et infundatur. Oportebit autem aliquid salis adicere, ne uermiculus aliudue animal innasci possit. Verum commodius seruantur, si duae partes sapae cum aceti una parte misceantur.

Pirorum et malorum ceterorumque pomorum compositio.

4. Pira Dolabelliana, crustumina, regia, Veneria, uolema, Naeuiana, Laterisiana, Decimiana, laurea, myrapia, [pruna] purpurea cum inmatura, non tamen percruda legeris, diligenter inspicito ut sint integra sine uitio aut uermiculo ; tum in fictili picata fidelia composito et aut passo aut defruto completo, ita ut omne pomum summersum sit. Operculum deinde impositum gypsato.

5. Illud in totum praecipiendum existimaui nullum esse genus pomi quod non possit melle seruari ; itaque,

2. pirorum S^2*p* : priorum *A* prunorum *bhm* || condiuntur *t*, *Schn.* : -duntur *cett.*

3. onychina *AR* : oni- *br* onicyna *S* || sapa *Ald.* : sapam *codd.* || aliudue A^2*R* : aliusue SA^1 || misceantur *pt* : -atur *SAR*.

4. dolabelliana *edd.* : dolauell- *SA* dolobell- *R* || laterisiana *codd.*, *Hedberg* : -tiana *edd.* || laurea *cp* : laure *SAR* || myrapia *bhmy* : mir- *r* myrapira *S* myra *A* || pruna *SR* : prima *A*, *secl. Schn.* || percruda *R* : cruda *SA* || operculum ...impositum *SA* : -lo...-to *R*.

5. possit *R* : posset *SA*.

conservée dans du miel ; aussi, comme ces fruits peuvent être parfois salutaires aux malades, je pense qu'il faut en conserver dans du miel, même en petite quantité, mais chaque espèce séparément, car, s'ils sont mélangés, une espèce peut gâter l'autre.

De la taille des ruches.

6. Puisque l'occasion s'est présentée de faire mention du miel, c'est à la même époque qu'on doit tailler les ruches, recueillir le miel et préparer la cire, opérations dont nous avons déjà parlé dans le neuvième livre[8]. Et nous ne demandons pas sur ce point à l'intendante d'autre soin que d'être présente à ces travaux et de surveiller le produit.

11 **Préparation de la mella et de l'hydromel.**

1. Au reste, comme il faut à la même époque mettre en réserve la *mella*[1] ainsi que l'hydromel pour les laisser vieillir, on devra se souvenir qu'aussitôt après avoir enlevé le second miel des rayons, on divisera la cire en petits morceaux qu'on fera macérer dans de l'eau de source ou de l'eau de pluie. Exprimée et filtrée, l'eau sera ensuite versée dans un récipient de plomb et bouillie, et toutes les saletés seront ôtées avec l'écume. Quand l'ébullition l'aura portée à la consistance du *defrutum*, on la refroidira et on la mettra dans des cruchons bien poissés. **2.** Certains usent de cette *mella* en guise d'hydromel, quelques-uns même en place de *defrutum* pour confire les olives, à quoi elle

8. Sur la taille des ruches, cf. Col. 9, 15, 9-10.

1. La *mella*, qui dérive évidemment de *mel*, est citée par Plaute, *Pseud.* 741, dans une liste de boissons sucrées : *murrinam, passum, defrutum, mellam, mel*. Columelle est le seul des agronomes à en faire état ; v. aussi 12, 49, 3.

cum sit haec res interdum aegrotantibus salutaris, censeo uel pauca poma in melle custodire, sed separata generatim ; nam si commisceas, alterum ab altero genere corrumpitur.

De aluis castrandis.

6. Et quoniam opportune mellis fecimus mentionem, hoc eodem tempore alui castrandae ac mel conficiendum, cera facienda est, de quibus nono libro iam diximus. Nec nunc aliam curam exigimus a uilica quam ut administrantibus intersit fructumque custodiat.

De mella et mulsa facienda. **11**

1. Ceterum cum eodem tempore mella nec minus aqua mulsa in uetustatem reponi debeat, meminisse oportebit ut, cum secundarium mel de fauis fuerit exemptum, cerae statim minute resoluantur et aqua fontana uel caelesti macerentur. Expressa deinde aqua coletur et in uas plumbeum defusa decoquatur, omnisque spurcitia cum spumis eximatur. Quae decocta cum tam crassa fuerit quam defrutum, refrigeretur et bene picatis lagonis condatur. **2.** Hac quidam mella pro aqua mulsa utuntur, nonnulli etiam pro defruto in condituras

5. custodire *SAR* : -diri *edd. uett.*
6. quoniam *SA* : cum *R* || uilica *SA* : -co *R* || fructumque *R* : frumque *SA*.
11. *Rubr.* mella *A* : melle *S* || 1. mella *R* : melle *SA* || ca(e)lesti *R* : -te *SA* || macerentur S^2*AR* : -rantur S^1 || coletur *R* : coloretur *SA* || defusa *SR* : uasa *A* || spurcitia *AR* : -tiae *S* -ties *P* || tam *R* : iam *SA* || defrutum *Aü* : defructum *SR* || lagonis *SA* : lagoenis *bhm* lagenis *r*.
2. hac *uett.* : h(a)ec *codd.* || quidam *SA* : quidem *R* || nonnulli *R* : -lla *SA*.

convient mieux, à mon avis, parce qu'elle a une saveur grossière. On ne peut la donner en remède aux malades au lieu d'hydromel, parce que, si on la boit, elle occasionne de la flatulence dans l'estomac et l'épigastre.

Préparation de l'hydromel [2].

C'est pourquoi, ce produit étant mis à part et destiné aux conserves, on fera l'hydromel séparément avec le meilleur miel.

12 **1.** Il y a plus d'une façon de le préparer : certains renferment, plusieurs années à l'avance, de l'eau de pluie dans des récipients qu'ils tiennent dehors au soleil, puis l'ayant transvasée à plusieurs reprises dans d'autres récipients et clarifiée — car chaque fois qu'on transvase de l'eau après une longue période, on trouve au fond un dépôt semblable à de la lie —, ils mêlent un setier de vieille eau avec une livre de miel. **2.** Certains cependant, qui veulent obtenir un goût plus fort, délayent le setier d'eau avec 9 onces de miel [1] et remplissent de cette composition une cruche lutée avec du plâtre, qu'ils laissent quarante jours au soleil, au lever de la canicule ; ils la placent alors sur un plancher qui reçoit la fumée.

2. Sur l'hydromel, *aqua mulsa*, *hydromeli*, v. Pline, *nat.* 22, 110.

1. *austeriorem... gustum* : un hydromel moins sucré, puisqu'au lieu d'une livre de miel (327 g, 453), on n'en ajoute que 9 onces (245 g, 59).

oliuarum, quibus quidem magis idoneam censeo, quia cibarium saporem habet. Nec potest languentibus pro aqua mulsa remedio esse, cum, si bibatur, inflationem stomachi et praecordiorum faciat.

De aqua mulsa facienda.

Itaque seposita *ea* et ad condituras destinata, per se facienda erit optimo melle aqua mulsa.

1. Haec autem non uno modo componitur ; nam **12**
quidam multos ante annos caelestem aquam uasis includunt et sub dio in sole habent, deinde, cum saepius eam in alia uasa transfuderunt et eliquauerunt — nam quotiens aqua post longum tempus diffunditur, aliquod crassamentum in imo simile faeci reperitur —, ueteris aquae sextarium cum libra mellis miscent. **2.** Nonnulli tamen, qui austeriorem uolunt efficere gustum, sextarium aquae cum dodrante pondo mellis diluunt et ea portione repletam lagonam gypsatamque patiuntur per Caniculae ortum in sole quadraginta diebus esse ; tum demum in tabulatum quod fumum accipit reponunt.

2. praecordiorum *R* : -diarum *SA* || faciat *S* : facit *AR* || seposita ea *Gesner* : -tae *SA* -ta esse *R* || optimo *R* : -tima *S* -tuma *A*.

12. multos *SR* : amultos *A* || uasis A^2R : usis SA^1 || dio *SA* : diuo *R* || alia uasa *AR* : aliam uasam *S* || transfuderunt *SA* : -rint *R* || eliquauerunt *SA* : -rint *R* || quotiens aqua *P*, *uett.* : quotiens quae *SA* quotiens etiam *R* || post *SA* : per *R*.

2. qui S^2p : cui S^1 ut *AR* || dodrante *SR* : drodante *A* || ea *R* : a *SA* || lagonam *SA* : lagoenam *py* lagenam *bmr*.

Autre recette.

3. Certains, qui n'ont pas pris soin de faire vieillir de l'eau de pluie, en prennent de la fraîche et la font bouillir jusqu'à réduction au quart ; ensuite, quand elle a refroidi, s'ils veulent faire un hydromel plus doux, ils mélangent un setier de miel à deux setiers d'eau [2], ou, s'ils le veulent plus fort, ils ajoutent un dodrans de miel à un setier d'eau, et versent le produit obtenu selon ces proportions dans un cruchon laissé, comme je l'ai dit ci-dessus, quarante jours au soleil, puis placé sur un plancher qui reçoit la fumée par en-dessous.

13 **Conservation du fromage à l'usage domestique.**

1. Le temps le plus favorable à la préparation du fromage destiné aux usages domestiques est celui où il rend le moins de petit-lait ; à l'arrière-saison, quand la production de lait est désormais réduite, il n'est pas aussi avantageux d'arrêter le travail pour porter au marché un produit que souvent, dans le transport, la chaleur gâte et fait s'aigrir. Aussi est-ce le moment convenable de faire les fromages pour l'usage <domestique>. D'ailleurs, c'est l'affaire du berger de le faire le mieux possible et nous avons donné dans le septième livre les préceptes qu'il doit suivre [1].

2. Cette fois, 1 setier de miel (0,547 l) dans 2 setiers d'eau (1,094 l), contre, d'ordinaire, 1 livre de miel (327 g 453) dans 1 setier d'eau (0,547 l).

1. Il s'agit ici seulement d'un calendrier ; voir le long chapitre de Columelle, 7, 8, sur la fabrication du fromage.

Aliter.

3. Nonnulli, quibus non fuit curae caelestem inueterare aquam, recentem sumunt eamque usque in quartam partem decoquunt ; deinde, cum refrixerit, siue dulciorem mulsam facere uolunt, duobus aquae sextariis sextarium mellis permiscent, siue austeriorem, sextario aquae dodrantem mellis adiciunt ; et his portionibus factam in lagonam diffundunt eamque, sicut supra dixi, quadraginta diebus insolatam postea in tabulatum quod suffumigatur reponunt.

De caseo in usus domesticos seruando. **13**

1. Caseo usibus domesticis praeparando hoc maxime idoneum tempus est, quod et caseus seri minimum remittit et ultimo tempore, cum iam exiguum lactis est, non tam expedit operas morari ad *f*orum fructibus deferendis ; et sane saepe deportati propter aestum acore uitiantur. Itaque praestat eos hoc ipso tempore in usum conficere. Id autem ut quam optime fiat opilionis officium est, cui septimo libro praecepta dedimus quae sequi debeat.

3. usque *SR* : *om. A* || mulsam *Pt, uett.* : mulseam *SAR, Hedberg* ; *an* mulsam eam ? || austeriorem *R* : -re *SA* || lagonam *SAR* : lagenam *b* lagonas *y* || sicut *SR* : *om. A.*

13. domesticis *R* : *om. SA* || quod *S* : quo *AR* || tam *AR* : iam *S* || forum *Ald.* : eorum *codd.* || deportati *R* : -potati *S* -poti *A* || propter *SAR* : per *ü, H.-F.* || uitiantur *R* : uitan- *SA* || opilionis *SR* : api- *A.*

Comment conserver le pourpier et le crithme.

2. Il existe aussi des herbes qu'on peut mettre en conserve à l'approche des vendanges, comme le pourpier et le « légume d'arrière-saison », que certains appellent *battis* cultivé [2]. On nettoie ces herbes avec soin et on les étale à l'ombre : puis, quatre jours après, on met une couche de sel au fond des jarres et on y place chaque plante à part ; on verse du vinaigre et on répand par-dessus à nouveau une couche de sel, car la saumure ne convient pas à ces herbes.

14 Des pommes et des poires séchées au soleil.

A la même époque, ou même au début du mois d'août, on cueille des pommes et des poires d'une saveur très douce, modérément mûres ; on les fend en deux ou trois morceaux avec une lame de roseau ou un couteau d'os, et on les place au soleil jusqu'à dessication. Si elles sont en abondance, elles fournissent une bonne partie de la nourriture aux paysans pendant l'hiver ; car elles tiennent lieu de mets, comme les figues qui, sèches et mises en réserve, contribuent à la nourriture des paysans pendant la saison d'hiver [1].

15 Du séchage des figues [1].

1. Elles doivent être cueillies ni trop avancées ni vertes et doivent être étendues en un lieu qui reçoive le soleil toute la journée. On plante des pieux distants entre eux de

2. *portulaca* : le pourpier (*Portulaca oleracea* L.), plante potagère dont les feuilles charnues se mangeaient et se mangent encore en salade ; sur sa culture, cf. Col. 10, 376 ; Pline, *nat.* 20, 210-215. — *battis satiua* : le crithme ou criste-marine (*Crithmum maritimum* L.), nommé aussi « asperge gauloise » (Pline, *nat.* 21, 86), fr. *fenouil marin*, qui croît en abondance et se cultivait autrefois sur les terrains salés voisins de la mer. Très agréable comme légume vert.

Portulaca et battis quemadmodum seruentur.

2. Sunt etiam quaedam herbae quas adpropinquante uindemia condire possis, ut portulacam et holus cordum, quod quidam satiuam battim uocant. Hae herbae diligenter purgantur et sub umbra expanduntur, deinde, quarto die, sal in fundis fideliarum substernitur et separatim unaquaeque earum componitur acetoque infuso iterum sal superponitur ; nam his herbis muria non conuenit.

De malis et piris in sole siccandis. **14**

Hoc eodem tempore, uel etiam primo mense Augusto, mala et pira dulcissimi saporis mediocriter matura eliguntur et in duas aut tres partes harundine uel osseo cultello diuisa in sole ponuntur, donec arescant. Eorum si est multitudo, non minimam partem cibariorum per hiemem rusticis uindicant ; nam pro pulmentario cedit sicuti ficus, quae cum arida seposita est, hiemis temporibus rusticorum cibaria adiuuat.

De ficis siccandis. **15**

1. Ea porro neque nimium uieta neque inmatura legi debet et in eo loco expandi qui toto die solem accipit.

2. portulacam *R* : protul- *SA* || holus *R* : holos *SA* || satiuam *SA*[2] : -uum *A*[1]*R* || battim *R* : batim *SA* || hae *AR* : haec *S*.

14. aut *SA* : uel *R*.

15. uieta *my* : uicta *SAR* || qui *SA* : quo *R*.

quatre pieds réunis par des perches ; on pose ensuite sur ces jougs des cannisses faites à cet usage, de manière qu'elles soient à deux pieds au-dessus du sol, pour qu'elles ne puissent prendre l'humidité que la terre rend ordinairement la nuit. On y jette alors les figues et on dispose de chaque côté à plat sur le sol des claies de berger tressées de chaume, de laîche ou de fougère, de manière, au coucher du soleil, à les dresser et, en les inclinant l'une contre l'autre en forme de voûte à la façon des huttes, à protéger de la rosée et parfois de la pluie les figues qui se dessèchent ; car ces deux phénomènes gâtent les fruits en question. **2.** Quand elles seront sèches, il faudra, au moment de midi, mettre les figues chaudes dans des tonnes bien poissées et les y fouler soigneusement, non sans avoir placé du fenouil sec au fond, et également pardessus, une fois remplis les récipients. Il convient de couvrir et de luter immédiatement ces récipients et de les déposer dans un grenier très sec, afin que les figues se conservent mieux longtemps.

Autre procédé.

3. Certains enlèvent la queue des figues cueillies et les étendent au soleil ; puis, quand elles sont un peu desséchées, avant qu'elles ne durcissent, ils les entassent dans des bassines de terre cuite ou de pierre et, après s'être lavé les pieds, ils les foulent pour en faire une sorte de farine [2] et y mêlent du sésame grillé avec de l'anis d'Egypte [3] et

2. *in modum farinae* : elles ne sont pas foulées comme on écrase le blé (wie man Korn schrotet, traduit Ahrens). L'explication est donnée au § 4 : on fait des boulettes avec cette sorte de pâte, comme le boulanger fait le pain avec la farine.

3. Dioscoride, 3, 56, et Pline, *nat.* 20, 87, mettent l'anis d'Egypte au second rang après celui de Crète.

Pali autem quattuor pedibus inter se distantes figuntur et perticis iugantur ; factae deinde in hunc usum cannae iugis superponuntur, ita ut duobus pedibus absint a terra, ne umorem quem fere noctibus remittit humus trahere possint. Tunc ficus inicitur, et crates pastorales culmo aut carice uel filice textae ex utroque latere super terram plane disponuntur, ut, cum sol in occasu fuerit, erigantur et inter se adclines testudineato tecto more tuguriorum uiescentem ficum ab rore et interdum a pluuia defendant ; nam utraque res praedictum fructum corrumpit. **2.** Cum deinde aruerit, in orcas bene picatas meridiano tempore calentem ficum condere et calcare diligenter oportebit, subiecto tamen arido faeniculo et iterum repletis uasis superposito. Quae uasa confestim operculare et oblinire conuenit et in horreum siccissimum reponi, quo melius ficus perennet.

Aliter.

3. Quidam lectis ficis pediculos adimunt et in sole eas expandunt ; cum deinde paulum siccatae sunt, antequam indurescant, in labra fictilia uel lapidea congerunt eas, tum pedibus lotis in modum farinae proculcant et admiscent torrefactam sesamam cum aneso Aegyptio et

1. iugantur S^2*pr* : iungan- S^1AR || in *R* : *om.* *SA* || crates *SR* : cractes *A* || culmo *SR* : pulmo *A* || aut *SA* : uel *R* || filice S^2*ct* : feli- S^1A sili- *bm* || occasu *S* : -sum *AR* || adclines S^2 : atclines S^1A adcliues *uel* accliues *R* || uiescentem *Schn.* : uisc- SA^1 uiresc- A^2R || ab rore *S* : a rore *R* arbore *A* || defendant *R* : -dat *SA* || corrumpit *SA* : -punt *R*.
2. tempore *codd., Hedberg* : tepore *Heins., Schn., H.-F., Richter* || subiecto *R* : -icto S^2A -ito S^1 || oblinire *R* : -lini *SA*.
3. eas *SA* : *om.* *R* || proculcant *R* : -cante *SA* || admiscent *R* : -scunt *SA* || torrefacta *R* : -tam *SA* || sesamam S^2 : -ma *R* semam S^1A || aneso *R* : anaesol *SA*.

des graines de fenouil et de cumin. **4.** Quand on les a bien foulées et qu'on a bien mélangé toute la masse des figues écrasées, on en forme des boulettes qu'on roule dans des feuilles de figuier, on les lie avec un jonc ou toute autre plante, on les place sur des claies et on les laisse sécher. Quand elles ont fini de sécher, on les met dans des vases poissés. Certains enferment cette farine de figues dans des tonnes non poissées, qu'ils lutent et torréfient dans un clibanus [4] ou au four, pour en chasser plus vite toute l'humidité ; une fois séchées ainsi, ils les placent sur un plancher et, quand le besoin l'exige, ils cassent le vase, car il n'est pas possible d'en tirer autrement la masse de figues durcie. **5.** D'autres choisissent les figues vertes les plus grasses, les ouvrent avec un roseau ou avec les doigts, les étalent et les laissent ainsi se flétrir au soleil ; puis, quand elles ont bien séché, on les ramasse au milieu du jour, quand elles sont amollies par la chaleur du soleil et, comme c'est l'usage en Afrique et en Espagne, on les dispose et les presse pour leur donner l'aspect d'étoiles ou de fleurs ou la forme d'un pain ; on les fait ensuite sécher à nouveau au soleil et on les enferme ainsi dans des vases [5].

16 Des raisins secs.

1. Les raisins réclament le même soin [1]. Il faut cueillir des raisins blancs de saveur très douce, à grains très gros et peu serrés, au décours de la lune, par temps serein et sec, après la cinquième heure, et les étaler quelque temps sur

4. Le *clibanus* (gr. κλίβανος) est une sorte de cloche de terre cuite ou de métal, plus large à la base, utilisée en particulier pour la cuisson du pain, chauffée de différentes façons, soit par en dessous, soit enveloppée de cendres brûlantes ; cf. W. Hilgers, *Lat. Gefässnamen*, Dusseldorf, 1969, p. 148-149. Pour sa forme, cf. Col. 5, 10, 4 ; *arb.* 19, 2.

5. Ce sont les « figues doubles » (*ficus duplices*) fendues incomplètement en deux. Les deux moitiés non séparées étaient étalées et mises à sécher au soleil ; cf. Horace, *sat.* 2, 2, 122 ; Pline, *nat.* 20, 52.

semine faeniculi et cymini. **4.** Haec cum bene proculcauerunt et totam massam comminutae fici permiscuerunt, modicas offas foliis ficulneis inuoluunt ac religatas iunco uel qualibet herba offas reponunt in crates et patiuntur siccari. Deinde cum peraruerunt, picatis uasis eas condunt. Nonnulli hanc ipsam farinam fici orcis sine pice includunt et oblita uasa clibano uel furno torrefaciunt, quo celerius omnis umor excoquatur ; sic siccatam in tabulatum reponunt et, cum exigit usus, testam comminuunt ; nam duratam massam fici aliter eximere non possunt. **5.** Alii pinguissimam quamque uiridem ficorum eligunt et harundine uel digitis diuisam dilatant atque ita in sole uiescere patiuntur ; quas deinde bene siccatas meridianis temporibus, cum calore solis emollitae sunt, colligunt et, ut est mos Afris atque Hispanis, inter se compositas comprimunt, in figuram stellarum flosculorumque uel in formam panis redigentes ; tum rursus in sole adsiccant et ita uasis recondunt.

De uuis passis. **16**

1. Similem curam uuae desiderant, quas dulcissimi saporis, albas, maximis acinis nec spissis luna decrescente sereno et sicco caelo post horam quintam legi

4. proculcauerunt *SA* : -rint *R* || permiscuerunt *SA* : -rint *R* || inuoluunt *AR* : -lunt *S* || crates *R* : grates *AS* || peraruerunt *SA* : para- *p* perarucrint *t* || celerius *SR* : -rior *A* || sic *SAR* : *secl. H.-F.* || exigit *SA* : exegerit *R*.

5. uiridem *SAR* : -dium *p, Richter* || uiescere *SA* : arescere *R* || temporibus *codd., Hedberg* : tep- *uett.* || solis emollitae S^2R : sol semolitae S^1 sol se mollite *A* || figuram *R* : -ra *SA* || adsiccant *uel* assi- *R* : atque siccant *SA*.

16. albas *R* : aluas *SA* || maximis *SR* : -me *A*.

des planches de façon qu'ils ne soient pas comprimés et écrasés par leur propre poids. Il convient ensuite de faire chauffer dans un chaudron de cuivre ou dans une grande marmite de terre neuve une lessive préparée avec des cendres de sarments ; quand elle bouillira, on y versera et on y mélangera un peu d'huile de la meilleure qualité, puis on plongera les grappes attachées entre elles par deux ou par trois suivant leur grosseur dans le chaudron bouillant où on les laissera quelques instants jusqu'à ce qu'elles se décolorent, mais sans les laisser cuire ; il faut en effet agir avec prudence et mesure. **2.** Ensuite, après les avoir retirées, on les disposera espacées sur une claie, de façon qu'elles ne se touchent pas. Trois heures après, on retournera chaque grappe sans la remettre à la même place, de peur qu'elle ne se gâte dans l'humidité qui s'en est écoulée. On doit les couvrir pendant les nuits, comme les figues, pour les protéger de la rosée ou de la pluie ; puis, quand elles sont un peu desséchées, on les dépose en lieu sec dans des vases neufs non poissés, couverts et plâtrés.

Autre recette.

3. Certains enveloppent les raisins de feuilles de figuier et les font sécher [2] ; d'autres couvrent les grappes à demi flétries avec des feuilles de vigne ou de platane et les déposent ainsi dans des amphores. Il en est qui brûlent des tiges de fèves et font une lessive avec la cendre de ce qu'ils ont brûlé, puis ajoutent trois cyathes de sel et un cyathe

2. *uua passa*, le « raisin sec ». De *pandere* « étaler, étendre » (cf. ci-dessus, 12, 9, 1, *expressos* [*sc. caules lactucae*] *in cratibus pandere, donec assiccescant*) : les raisins étalés sur des claies pour les faire se dessécher au soleil. L'interprétation du *DELL*, s.u. *pando*, p. 476 : « ouvert, écarté... qui s'est fendillé en séchant au soleil » est inexacte : les raisins passerillés n'éclatent pas, mais se rident. De là *passum* « vin fait de raisins passerillés » ; cf. chap. 39. — Palladius, 12, 22, enseigne un autre procédé qu'il dit être grec (*Vuam passam graecam sic facies*), en tordant la queue de la grappe et en la laissant se flétrir sur pied, puis en la suspendant à l'ombre.

oportet et in tabulas paulisper porrigi, ne inter se pondere suo pressae conlidantur. Deinde aeno uel in olla noua fictili ampla praeparatam lixiuam cineris sarmentic*i*i calefieri conuenit, quae cum feruebit, exiguum olei quam optimi adici et ita permisceri, deinde uuas pro magnitudine binas uel ternas inter se conligatas in aenum feruens demitti et exiguum pati, dum decolorentur, nec rursus committere ut excoquantur ; nam quadam moderatione temperamentoque opus est. **2.** Cum deinde exemeris, in crate disponito rarius quam ut altera alteram contingat. Post tres deinde horas unamquamque uuam conuertito nec in eodem uestigio reponito, ne in umore qui defluxerit corrumpatur. Noctibus autem contegi debent quemadmodum fici, ut a rore uel pluuia tutae sint ; cum deinde modice aruerint, in uasa noua sine pice operculata et gypsata sicco loco reponito.

Aliter.

3. Quidam uuam passam foliis ficulneis inuoluunt et adsiccant, alii foliis uitigineis, nonnulli plataninis semiuietas uuas contegunt et ita in amphoras recondunt. Sunt qui culmos fabae exurant et ex eo quod cremauerint cineream lixiuam faciant, deinde in lixiuae sextarios

1. aeno *SA*[1] : aheno *A*[2]a(h)eneo *R* || lixiuam *SA* : -uiam *R*, *F.-H.* || sarmenticii *Schn.*, *cf.* 6, 26, 3 : -tiui *SA* -ti *R*, *F.-H* || aenum *A*[1] : aeneum *S* ahenum *A*[2] aheneum *R* || excoquantur *SR* : -quatur *A* || temperamentoque *R* : -ratione *S* -ratiore *A* || est *AR* : *om.* *S*.

2. crate disponito *R* : crateriis ponito *S* canteriis pon- *A* || cum *R* : tum *SA* || modice *R* : -co *SA* || aruerint *p* : -rit *SA*.

3. semiuietas *h*, *Ald.* : -uictas *R* -uitas *SA* -uittas *jb* || fabae *R* : faue *SA* || cremauerint *R* : -rit *SA* || cinereאm *SA* : -re *R* || lixiuam *SA* : -uiam *R* || faciant *SA* : faciunt *R* || lixiuae *SA* : -uiae *R*.

d'huile à dix setiers de lessive ; ils font alors chauffer sur un feu et terminent l'opération comme ci-dessus. Si l'on voit qu'il n'y a pas assez d'huile dans le chaudron, on en ajoute de temps en temps en suffisance, afin que les raisins secs soient plus gras et plus brillants.

Des sorbes [3].

4. A la même époque, mettez dans des cruchons poissés des sorbes cueillies avec soin à la main, placez des couvercles poissés, et plâtrez. Dans des fosses de deux pieds creusées à couvert en lieu sec, placez alors les cruchons de façon que leur ouverture plâtrée soit en dessous, puis entassez de la terre et foulez-là légèrement par-dessus. Il vaut mieux, en augmentant le nombre des fosses, diminuer celui des vases tenus éloignés les uns des autres ; car, lorsqu'on veut les enlever, si, en prenant l'un, on dérange les autres, les sorbes se gâtent facilement. **5.** Certains conservent parfaitement ce fruit dans du *passum*, certains encore dans du *defrutum*, en plaçant dessus un tampon de fenouil sec [4] pour comprimer les sorbes, de façon que le liquide surnage toujours ; ils lutent toutefois soigneusement avec du plâtre les couvercles enduits de poix, pour empêcher l'air de s'y introduire.

17 **Recette du vinaigre de figues [1]**

1. Il existe des régions où l'on manque de vin et par conséquent aussi de vinaigre. C'est pourquoi, à la même saison, on doit cueillir des figues vertes très mûres, et

3. Sur la conservation des sorbes, cf. Caton. *Agr.* 7, 4 ; 143, 3 ; Pline, 15, 61 et 85 ; Pallad. 2, 15, 4-5 ; 4, 3.

4. Par suite d'une dittographie, les manuscrits portent : *spissamento spissi faeniculi.* La correction *aridi*, dès l'*Ald.*, repose sur les formules de Col. 12, 9, 2, *arido spissamento faeniculi*, et 12, 15, 2, *subiecto arido faeniculo.*

decem salis tres cyathos et olei cyathum adiciant, tum adhibito igne calefaciant et cetera eodem modo administrent. Quod si uidebitur in aeno parum inesse olei, subinde quantum satis erit adiciatur, quo sit pinguior et nitidior uua passa.

De sorbis.

4. Eodem tempore sorba manu lecta curiose in urceolos picatos adicito, et opercula picata inponito et gypso linito ; tum, scrobibus bipedaneis sicco loco intra tectum factis, urceolos ita collocato ut oblita ora eorum deorsum spectent, deinde terram congerito et modice supercalcato. Melius est autem pluribus scrobibus pauciora uasa distantia inter se disponere ; nam in exemptione eorum, dum unum tollis, si reliqua commoueris, celeriter sorba uitiantur. **5.** Quidam hoc idem pomum in passo, quidam etiam in defruto commode seruant, adiecto spissamento <aridi> faeniculi, quo deprima*n*tur ita sorba ut semper ius supernatet ; ac nihilominus picata opercula diligenter gypso linunt, ne possit spiritus introire.

De aceto ficulneo faciendo. 17

1. Sunt quaedam regiones, in quibus uini ideoque etiam aceti penuria est. Itaque hoc eodem tempore est

3. tum *AR* : cum *S* || calefaciant *AR* : calfa- *S* || aeno SA^1 : aheno A^2 aheneo *R*.

4. urceolos S^2R : urcio- S^1*Amy* || picatos *SR* : -tas *A* || urceolos *AR* : -lis *S* || conlocato *SR* : collocata *A* || modice *S* : mode *AR* || supercalcato *SAR* : desuper cal- *t*, *uett.*, *Richter*.

5. in passo *Sp* : *om.* *AR* || aridi *Ald.*, cf. 12, 9, 2 ; 12, 15, 2 : spissi *codd.* || deprimantur *jz*, *ed. pr.* : -matur *SAR*.

particulièrement après le commencement des pluies, ramasser celles qu'elles ont fait tomber à terre ; on les jette dans une jarre ou dans des amphores, où on les laisse fermenter. Puis, quand elles ont aigri et rendu leur jus, on filtre soigneusement le vinaigre obtenu et on le verse dans des vases poissés de bonne odeur. Ce produit remplace le vinaigre très fort de première qualité et ne prend jamais la moisissure ou la graisse, à moins d'avoir été placé en un lieu humide [2]. **2.** Il est des gens qui, visant à la quantité, mélangent de l'eau aux figues et ajoutent de temps en temps des figues fraîches très mûres qu'ils laissent macérer dans ce jus jusqu'à ce qu'ils obtiennent une saveur de très fort vinaigre ; ils filtrent ensuite dans des faisselles de jonc ou des chausses de joncier et font bouillir ce vinaigre clarifié jusqu'à ce qu'ils en aient chassé l'écume et toutes les impuretés ; ils ajoutent alors un peu de sel torréfié, ce qui empêche la naissance des vers ou d'autres bestioles.

18 Préparatifs des vendanges.

1. Quoique, dans le livre précédent, intitulé *L'Intendant*, nous ayons déjà dit ce qu'il faut préparer pour la vendange [1], il n'est toutefois pas hors de propos de donner encore à l'intendante des instructions sur les mêmes choses, pour qu'elle comprenne que tout ce qui se fait à la maison vers le temps de la vendange doit réclamer ses soins.

2. *mucor* : la graisse est, avec l'aigreur, l'une des deux grandes maladies du vin signalées par les anciens ; cf. Caton, *Agr.* 148, 1, *quod neque aceat neque muceat.* La graisse donne au vin une consistance mucilagineuse qui le fait filer comme de l'huile et remplir le verre sans bruit. L'addition de sel avait pour but de l'empêcher, cf. Col. 12, 23, 3 ; Pline, 14, 131.

1. Cf. 11, 2, 64, dates des vendanges dans les régions chaudes et maritimes ; 67-71, en toute région, préparatifs pour la vendange et la vinification. — Mêmes préparatifs dans Caton, *Agr.* 26, 1.

ficus uiridis quam maturissima legenda, utique si iam pluuiae incesserunt et propter imbres in terram decidit ; quae cum sublecta est, in dolium uel in amphoras conditur et ibi sinitur fermentari. Deinde cum exacuit et remisit liquorem, quicquid est aceti diligenter colatur et in uasa picata bene olida diffunditur. Hoc primae notae acerrimi aceti usum praebet nec umquam situm aut mucorem contrahit, si non umido loco positum est. **2.** Sunt qui multitudini studentes aquam ficis permisceant et subinde maturissimas ficos recentis adiciant et patiantur in eo iure tabescere, donec satis acris aceti sapor fiat ; postea in iunceis fiscellis uel sparteis saccis percolant liquatumque acetum inferuefaciunt, dum spumam et omnem spurcitiam eximant ; tum torridi salis aliquid adiciunt, quae res prohibet uermiculos aliaue innasci animalia.

Quae uindemiae praeparanda sunt. 18

1. Quamuis priore libro qui inscribitur Vilicus iam diximus quae ad uindemiam praeparanda sint, non tamen alienum est etiam uilicae de isdem rebus praecipere, ut intellegat suae curae esse debere quaecumque sub tecto administrantur circa uindemiam.

17. ficus S^2 : fucus S^1 fructus *AR* || si *S* : esi *A* et si *R* || amphoras *SR* : phoras *A* || conditur *R* : ton- *SA* || primae *S* : primite *AR*.
2. aquam p^2tu : quam *SAR* || maturissimas SA^2R : -mus A^1 || ficos *SA* : ficus *R*.

18. inscribitur *cjü* : scrib- *SAR* || sint *SA* : sunt *R* || est etiam *t* : extet iam *SAR* || isdem *SA* : iisdem *R* || sub tecto *SR* : subiecto *A* || uindemiam *SR* : undecimam *Acm*.

2. Si le domaine est étendu, si les vignobles ou les vignes sur arbres [2] sont importants, il faut fabriquer toute l'année des corbeilles de dix et de trois *modii*, tresser et poisser des paniers ; il n'est pas moins nécessaire de préparer et d'aiguiser le plus possible de serpettes et de crochets de fer, afin que le vendangeur ne tire sur les grappes avec la main et qu'une importante partie du fruit ne tombe à terre en éparpillant les grains. **3.** Il faut aussi adapter des cordes aux paniers et des courroies aux corbeilles de trois *modii* ; les cuves pour le vin, les pressoirs, les maies [3] et tous les vases doivent être lavés à l'eau de mer, si l'on est à proximité, sinon à l'eau douce, nettoyés et séchés avec soin, pour en ôter l'humidité. Le cellier au vin sera débarrassé de toute espèce d'ordures et on y brûlera des parfums agréables, afin qu'on n'y sente ni mauvaise odeur ni aigreur.

4. Alors on sacrifiera en l'honneur de Liber et de Libera et des instruments du pressurage [4] avec la plus grande piété et la plus grande chasteté et, pendant la durée de la vendange, on ne perdra pas de vue le pressoir ni le cellier au vin, afin que ceux qui préparent le moût le fassent avec pureté et propreté et pour empêcher un voleur de soustraire une partie de la récolte.

5. Quarante jours avant la vendange, on doit aussi poisser les jarres, les *seriae* [5] et les autres vases, de façon différente suivant qu'ils sont enterrés ou restent sur le sol. En effet, ceux qui sont enterrés sont chauffés avec des lampes de fer ardentes qu'on retire lorsque la poix a coulé

2. *uineta* : les vignobles, quel que soit leur établissement, sur échalas, sur joug, etc. ; *arbusta* : les vignes arbustives, sur lesquelles, cf. Col. 5, 6-7. C'est pour elles que sont nécessaires les crochets (*ungues*), les serpettes (*falculae*) suffisant pour les *uineta*.

3. *forum* (*forus*), la maie, table du pressoir, destinée à recevoir le raisin à pressurer, cf. Varron, *R.R.* 1, 54, 2 ; K. D. White, *Farm Equipment of the Roman World*, p. 147-149.

2. Si ager amplus aut uineta aut arbusta grandia sunt, perenne fabricandae decemmodiae et trimodiae, fiscellae texendae et picandae, nec minus fa*l*culae et ungues ferrei quam plurimi parandi et exacuendi sunt, ne uindemitor manu destringat uuas et non minima fructus portio dispersis acinis in terram dilabatur. **3.** Funiculi quoque fiscellis aptandi sunt et lora trimodiis ; tum lacus uinarii et torcularii et fora omniaque uasa, si uicinum est mare, aqua marina, si minus, dulci eluenda sunt et commundanda et diligenter adsiccanda, ne umorem habeant. Cella quoque uinaria omni stercore liberanda et bonis odoribus suffienda, ne quem redoleat foetorem acoremue. **4.** Tum sacrificia Libero Liberaeque et uasis pressoriis quam sanctissime castissimeque facienda, nec per uindemiam ab torculari aut uinaria cella recedendum est, ut et omnia, qui mustum conficiunt, pure mundeque faciant nec furi locus detur partem fructuum intercipiendi.

5. Dolia quoque et seriae ceteraque uasa ante quadragesimum uindemiae diem picanda sunt atque aliter ea quae demersa sunt humi, aliter quae stant supra terram. Nam ea quae demersa sunt ferreis lampadibus ardentibus calefiunt et, cum pix in fundum

2. perenne *A*[2]*clr* : -nni(a)e *SA*[1]*R* || decemmodiae *ed. pr.* : decemo- *R* decemmodia *S* decemo- *A* || falculae *Ald.* : fac- *codd.* || dilabatur *bc*[1] *tü* : -bitur *SAR*.

3. adsiccanda *S* : adsignanda *AR* || habeant *R* : habent *SAp* || suffiendi *ü* : sufficiendi *SAR*.

4. liberaeque *RA* : librae- *S* || *post* liberaeque *lacunam ind., Schn., Richter* || pressoriis *ctü* : -ris *SAR* || per *S* : *om.* *AR* || nec *jt* : ne *SAR* || partem *p*[2] : pantem *SAR* || fructuum *p*[2] : -tum *SAR*.

5. ante *S* : ne *AR* || humi aliter *S*[2]*p*[2]*t* : humiliater *S*[1]*Ap*[1]*R* humiliter *br* || pix *F.-H., Hedberg* : pixim *AR* picem *S*[2] *in ras.* pix imum in *Pontedera, Schn., Richter.*

au fond, et on étend avec un rouable de bois et un racloir de fer recourbé la poix qui a coulé ou qui s'est attachée aux flancs du récipient ; on nettoie ensuite avec une brosse, on verse de la poix brûlante, dont on l'enduit avec un autre rouable neuf et avec un petit balai. **6.** Quant aux vases qui restent sur le sol, on les expose plusieurs jours au soleil avant de les traiter, puis, quand ils ont suffisamment pris le soleil, on les renverse sur leur ouverture et on les surélève en plaçant dessous trois petites pierres ; on allume un feu dessous, qu'on laisse brûler jusqu'à ce que leur fond ait atteint une chaleur si forte qu'on n'y puisse poser la main. On dépose alors la jarre sur le sol et on la met sur le côté, on y verse de la poix brûlante et on la roule pour enduire toutes les parties de la jarre. **7.** Mais cette opération doit être faite un jour calme sans vent, pour que les vases n'éclatent pas si on approche le feu quand le vent s'est mis à souffler. Il suffit de vingt-cinq livres de poix dure pour les jarres d'un culleus et demi [6] ; et il n'est pas douteux que l'addition d'un cinquième de poix du Bruttium à la totalité de la cuisson soit excellente pour toute la récolte.

19 Des apprêts du vin.

1. Il faut aussi prendre soin que le moût exprimé se conserve, ou du moins se garde jusqu'à la vente. Nous allons dire ci-après comment on doit procéder et par quels apprêts en faciliter la conservation.

6. 25 livres de poix = 8, 186 kg ; — 1 culleus 1/2 = 788 l. — La poix du Brutium, rouge, plus grasse que les autres, et des plus estimées, servait à enduire les récipients vinaires, mais aussi à apprêter les vins, cf. Pline, *nat.* 14, 127 ; 135 ; 16, 53 ; 24, 37.

destillauit, sublata lampade rutabulo ligneo et ferrea curuata radula educitur quod destillauit aut quod in lateribus haesit ; dein penicillo detergitur et feruentissima pice infusa nouo alio rutabulo et scopula picatur. **6.** At quae supra terram consistunt, *ant*e compluris dies quam curentur in solem producuntur, deinde, cum satis insolata sunt, in labra conuertuntur et subiectis paruis tribus lapidibus suspenduntur ; atque ita ignis subicitur et tam diu incenditur donec ad fundum calor tam uehemens perueniat ut adposita manus patiens eius non sit ; tum, dolio in terram demisso et in latus deposito, pix feruentissima infunditur uolutaturque, ut omnes dolii partes linantur. **7.** Sed haec die quieto a uentis fieri debent, ne admoto igne, cum adflauerit uentus, uasa rumpantur. Satis sunt autem sesquicullearibus doliis picis durae pondo uicena quina ; nec dubium quin, si quinta pars picis Brut*t*iae in uniuersam cocturam adiciatur, utilissimum sit omni uindemiae.

De condituris uini. **19**

1. Cura quoque adhibenda est ut expressum mustum perenne sit aut certe usque ad uenditionem durabile. Quod quemadmodum fieri debeat et quibus condituris adiuuari, deinceps subiciemus.

5. destillauit e^2, *Ald.* : destinauit S^1AR -nabit S^2 || radula educitur *Hedberg* : -le ducitur *SAR* -la ducitur *tü, uett.* || destillauit S^1AR : -bit S^2 || dein *SA* : deinde *R*.

6. at quae *ed. pr.* : atque *codd.* || ante *Hedberg (cf. Contamination, 171)* : e S^1A hae S^2 et *R* || ignis *t* : igni *SAR* || et tamdiu c^2t : etiam diu *SAR* || demisso *S* : dim- *AR* || uolutaturque S^2 : -tuque S^1AR || dolii *R* : doli *SA*.

7. haec *R* : hac *SA* || satis sunt *t* : satis *SA* sunt *R* || doliis *R* : doleis *SA* || si *t* : sic *SA* sit *cü* || bruttiae *Ald.* : brutiae *codd.*

Comment cuire la sapa [1].

Certains font réduire d'un quart le moût dans des vases de plomb [2], d'autres d'un tiers ; il n'est pas douteux que, réduit de moitié, on obtiendra une meilleure *sapa*, et donc plus propre aux différents usages, au point qu'elle peut même remplacer le *defrutum* dans l'apprêt du moût provenant de vieilles vignes.

Cuisson du defrutum.

2. Nous pensons que le vin de la meilleure qualité est celui qui peut se conserver longtemps sans apprêt et qu'il n'y faut absolument rien mêler qui altèrerait sa saveur naturelle. Le meilleur, en effet, est celui qui peut plaire par sa propre nature. Mais si le moût a un défaut du fait d'un vice du terroir ou de la jeunesse des vignes, on choisira, si possible, un cépage d'Aminnée, sinon un cépage donnant du vin très agréable, qui soit très vieux et ne vienne pas en terrain humide. **3.** On observera alors le décours de la lune, quand elle est au-dessous de la terre, et on cueillera par un jour serein et sec les grappes les plus mûres [3] ; après les avoir foulées, avant de retirer la motte du pressoir, on portera une quantité suffisante du moût écoulé de la cuve dans les chaudrons à vin cuit, on chauffera le fourneau d'abord à feu doux et, avec ce petit bois, que les paysans appellent *gremia* (fagots), afin que le moût bouille doucement. **4.** Celui qui présidera à cette cuisson doit

Quemadmodum coquatur sapa.

Quidam partem quartam eius musti quod in uasa plumbea coniecerunt, nonnulli tertiam decoquunt ; nec dubium quin, ad dimidiam si quis excoxerit, meliorem sapam facturus sit eoque usibus utiliorem, adeo quidem ut etiam uice defruti sapa mustum, quod est ex ueteribus uineis, condire possit.

Defruti coctura.

2. Quaecumque uini nota sine condimento ualet perennare, optimam esse eam censemus, nec omnino quidquam permiscendum quo naturalis sapor eius infuscetur. Id enim praestantissimum est, quod suapte natura placere potuerit. Ceterum cum aut regionis uitio aut nouellarum uinearum mustum laborauit, eligenda erit pars uineae, si est facultas, Aminneae, si minus, quam bellissimi uini, quaeque erit et uetustissima et minime uliginosa. **3.** Tum obseruabimus decrescentem lunam, cum est sub terra, et sereno siccoque die uuas quam maturissimas legimus, quibus proculcatis mustum quod defluxerit, antequam prelo pes eximatur, satis de lacu in uasa defrutaria conferemus, lenique primum igne et tenuibus admodum lignis, quae gremia rustici appellant, fornacem incendemus, ut ex commodo mustum ferueat. **4.** Isque, qui praeerit huic decoquendo,

19. 2. ualet S^1*AR* : uolet S^2 || perennare *S* : -ri *AR* || laborauit S^1*AR* : -rabit S^2.

3. obseruabimus *AR* : -uimus *S* || cum *AR* : tum *S* || legimus *SAR* : legemus *t*, *Richter* || satis *codd.* : statim *Richter* || gremia *codd.* : cremia *Gesn.*, *Richter.*

avoir toutes prêtes des passoires de jonc ou de sparte, mais de sparte brut, c'est-à-dire non travaillé au maillet, ainsi que des bottes de fenouil liées à des bâtons, qu'il puisse de toute façon introduire jusqu'au fond des vases pour agiter la lie qui s'y est déposée et la ramener à la surface ; alors il enlèvera avec les passoires toutes les saletés qui surnageront, et il ne cessera pas avant de voir le moût clarifié et débarrassé de toute sa lie ; il ajoutera alors soit des coings qu'il retirera une fois cuits, soit les parfums convenables qu'il voudra, sans toutefois cesser d'agiter de temps en temps avec le fenouil, afin que rien ne se dépose qui puisse perforer le plomb. **5.** Puis, quand le vase pourra déjà supporter un feu plus vif, c'est-à-dire quand le moût déjà cuit en partie bouillira en profondeur, alors on mettra dessous des bûches et du bois plus gros, mais de manière qu'ils ne touchent pas le fond du vase ; si on ne l'évite pas, souvent le vase se percera, ou bien, si cela ne se produit pas, le moût sera de toute façon brûlé et, prenant de l'amertume, ne pourra servir d'apprêt. **6.** Mais il faudra, avant de verser le moût dans les chaudrons à *defrutum*, enduire de bonne huile l'intérieur du plomb, bien le frotter et dans cet état y verser le moût. Cela empêchera le *defrutum* de brûler.

20 **1.** Même préparé avec soin, le *defrutum* tourne habituellement à l'aigre comme le vin ; cela étant, nous n'oublierons pas d'apprêter le vin avec du *defrutum* d'un an, dont la bonté a déjà été éprouvée, car un mauvais apprêt gâte

cola iuncea uel spartea, sed crudo, id est non malleato, sparto praeparata habeat, itemque fasciculos fustibus inligatos, quos possit utique ad fundum uasorum demittere, ut quicquid faecis subsederit exagitet et in summum reducat, tum colis omnem spurcitiam quae redundarit, expurget, nec absistat id facere, donec uidebitur eliquatum omni faece mustum carere ; tum siue mala cydonea, quae percocta sublaturus sit, seu quoscumque uoluerit conuenientis odores adiciat, et nihilominus subinde faeniculo peragitet, ne quid subsederit, quod possit plumbeum perforare. **5.** Cum deinde iam acriorem potuerit ignem uas sustinere, id est, cum aliqua parte iam mustum excoctum in se feruebit, tum codices et uastiora ligna subiciantur, sed ita ne fundum contingant ; quod nisi uitatum fuerit, saepe uas ipsum pertundetur ; uel, si id factum non erit, utique aduretur mustum et, amaritudine concepta, condituris fiet inutile. **6.** Oportebit autem, antequam mustum in uasa defrutaria coiciatur, oleo bono plumbea intrinsecus inbui, bene fricari atque ita mustum adici. Ea res non patitur defrutum aduri.

1. Quin etiam diligenter factum defrutum, sicut **20**
uinum, solet acescere ; quod cum ita sit, meminerimus anniculo defruto, cuius iam bonitas explorata est, uinum condire ; nam uitioso medicamento tunc fructus,

4. spartea sed h^2, *Schn.* : -eas et *A* -eas ex h^1*bm* -es et *S* || subsederit t^2u^2l : supersed- *S* se supersed- *AR* || percocta *SA* : praecocta *R* || quae *ed. pr.* : quam *codd.* || faeniculo *S* : funi- *AR*.
5. pertundetur S^2A : -dentur S^1 -ditur *R*.
6. defrutaria *SR* defruct- *A* || patitur *AR* : patiatur *S*.

20. diligenter *AR* : indili- *S* || anniculo *AR* : -los *S* || uitioso *AR* : -sum *S* || medicamento *Sp* : -tum *AR* medicamine *uett.* || tunc *SA* : tum *R*.

alors le produit de la récolte. Quant aux vases dans lesquels on cuit la *sapa* ou le *defrutum*, ils doivent être de plomb plutôt que de cuivre [1] ; **2.** en effet, pendant la cuisson, ceux de cuivre rejettent du vert-de-gris et altèrent la saveur de l'apprêt. Les substances odorantes qui, cuites avec le *defrutum*, conviennent en général pour le vin sont l'iris, le fenugrec et l'herbe-à-chameau [2]. On jette une livre de chaque espèce dans un chaudron à *defrutum* contenant quatre-vingt-dix amphores de moût [3], après ébullition et écumage ; ensuite, si le moût est naturellement faible, on devra, quand il sera réduit au tiers, retirer le feu et refroidir immédiatement le fourneau avec de l'eau ; même si on a opéré ainsi, le *defrutum* ne dépasse pas malgré tout le tiers du vase ; **3.** mais, bien que cela représente une perte, c'est cependant un avantage : en effet, plus il est cuit — à condition qu'il ne soit pas brûlé —, meilleur il est, et plus consistant. De ce *defrutum* ainsi traité, il suffit de mêler un setier par amphore.

Autre méthode, dite parfois napolitaine, pour apprêter le vin.

Quand on aura fait cuire dans le chaudron à *defrutum* quatre-vingt-dix amphores de moût de façon qu'il n'en reste que peu après la cuisson, c'est-à-dire un tiers du total, alors seulement on ajoutera les apprêts, qui sont ou liquides ou résineux, c'est-à-dire dix setiers de poix liquide

1. Les ustensiles de plomb, pourtant responsables du saturnisme, étaient assez souvent préférés aux récipients de cuivre et de bronze parce qu'ils ne donnaient pas de goût et évitaient la toxicité plus manifeste du vert-de-gris (cf. Caton, *Agr.* 66, 1 ; 105, 1 ; 107, 1 ; 122). Pline, *nat.* 14, 136, recommande aussi le plomb pour cuire la *sapa* et le *defrutum.* Sur l'emploi des récipients en plomb et leurs effets dans l'antiquité, voir les travaux récents cités dans J. André, *L'alimentation et la cuisine à Rome*, p. 328, n. 1, et, en dernier lieu, J. O. Nriagu, *Lead and lead poisoning in antiquity*, New York, Wiley, 1983, et J. Scarborough, *The myth of lead poisoning among the Romans, An essay review*, in *Journal of the History of Medicine*, 39 (1984), p. 469-475.

qui perceptus est uitiat*ur*. Ipsa autem uasa, quibus sapa aut defrutum coquitur, plumbea potius quam aenea esse debent : **2.** nam in coctura aeruginem remittunt aenea et medicaminis saporem uitiant. Odores autem uino fere apti sunt, qui cum defruto coquuntur : iris, faenum Graecum, schoenum, harum rerum singulae librae in defrutarium, quod ceperit musti amphoras nonaginta, cum iam deferbuerit et expurgatum erit, tum adici debent ; deinde, si natura tenue mustum erit, cum ad tertiam partem fuerit decoctum, ignis subtrahendus est et fornax protinus aqua refrigeranda ; quod etiam si fecerimus, nihilominus defrutum infra tertiam partem uasi considit. **3.** Sed id quamuis aliquid detrimenti habeat, prodest tamen : nam quanto plus decoquitur, si modo non est adustum, melius et spissius fit. Ex hoc autem defruto, quod sic erit coctum, satis est singulos sextarios singulis amphoris inmisceri.

Alia compositio ad uinum condiendum, quam quidam Neapolitanam uocant.

Cum amphoras musti nonaginta in defrutario decoxeris, ita ut iam exiguum supersit de tot*o*, quod significat decoctum ad tertias, tum demum medicamina adicito, quae sunt aut liquida aut resinosa, id est picis liquidae Nemeturicae, cum eam diligenter ante aqua marina

1. uitiatur *Ald.* : uitiat *codd.*

2. coquuntur *tü*[2] : quocuntur *S* coquunt *AR* || schoenum *Ary* : schenum *S* || deferbuerit *AR* : -feruerit *S* || uasi *l*, *edd.* : uasis *SAR* || considit *S* : -sedit *AR*.

3. sed id *AR* : sedit *S* || toto *F.-H.* : tota *codd.* || quod *t*, *F.-H.* : quae *SAR* || quod — tertias *secl. Gesn.*, *Schn.* || liquida aut *ü*, *uett.* : -da ut *S* aliquid aut *AR* || nemeturicae *t* : nemo- *SAR*.

néméturique [4] préalablement lavée avec soin dans de l'eau de mer bouillie, et en outre une livre et demie de résine de térébinthe. **4.** Quand on ajoutera ces substances, on remuera bien le vase de plomb, pour qu'elles ne brûlent pas. Lorsque la préparation sera réduite au tiers, on retirera le feu et on remuera de temps à autre le vase de plomb pour amalgamer le *defrutum* et l'apprêt. Puis, quand le *defrutum* semblera devenu tiède, on y jettera petit à petit le reste des aromates pilés et tamisés, et on fera remuer avec un rouable de bois le produit de la cuisson jusqu'au refroidissement ; si on n'opère pas le mélange comme nous l'avons prescrit, les aromates tomberont au fond et y brûleront. **5.** A la quantité de moût indiquée on doit ajouter les substances odorantes suivantes : feuille de nard, iris d'Illyrie, nard gaulois, costum, noix de Ben, souchet, herbe-à-chameau, dont une demi-livre de chacun suffira ; en outre cinq onces de myrrhe, une livre de roseau odorant, une demi-livre de cannelle, un quart de livre d'amome, cinq onces de safran, une livre de †.....† de pampre [5]. **6.** Ces substances, comme je l'ai dit, doivent être ajoutées sèches, pilées et tamisées, et mêlées de *rasis*, une sorte de poix crue [6], qui passe pour d'autant meilleure qu'elle est plus vieille ; car elle durcit à la longue et se pulvérise quand on la pile ; on la mêle à ces apprêts ; il suffit d'en mêler six livres aux quantités indiquées.

On ne peut préciser quelle quantité de cette composition mettre dans quarante-huit setiers de moût, car on ne peut

4. Des *Nematuri* ne sont connus que par une liste de peuplades des Alpes ligures dans Pline, *nat.* 3, 137. Leur poix n'est mentionnée ailleurs que par Col. 12, 22, (*pix Nemeturica in Liguria conficitur*) et 24, 1. On ignore quelles en étaient les qualités.

decocta perlueris, decem sextarios, item resinae terebinthinae sesquilibram. **4.** Haec cum adicies, plumbeum peragitabis, ne adurantur. Cum deinde ad tertias subsederit coctura, subtrahe ignem, et plumbeum subinde agitabis, ut defrutum et medicamenta coeant. Deinde cum uidebitur mediocriter calere defrutum, reliqua aromata contusa et cribrata paulatim insparges et iubebis rutabulo ligneo agitari, quod decoxeris, eo usque dum defrigescat ; quod si non ita ut praecepimus permiscueris, subsident aromata et adurentur. **5.** Ad praedictum autem modum musti adici debent hi odores : nardi folium, iris Illyrica, nardum Gallicum, costum, palma, cyperum, schoenum, quorum singulorum selibrae satisfacient, item murram, pondo quincunx, calami pondo libram, casiae selibram, amomi pondo quadrans, croci quincunx, †erispae† pampinaceae libram. **6.** Haec, ut dixi, arida, contusa et cribrata debent adici et his commisceri rasis, quod est genus crudae picis ; eaque, quanto est uetustior, tanto melior habetur : nam longo tempore durior facta, cum est contusa, in puluerem redigitur et his medicaminibus admiscetur ; satis est autem praedictis ponderibus sex libras eius misceri.

Ex hac compositione quantum in sextarios musti quadragenos octonos adiciendum sit, incertum est,

3. terebinthinae *Ald.* : therebintinae *A*[2]*hby* -bentinae *A*[1] therebenthinae *S* || sesquilibram *S* : -brum *A* sexquilibram *h* -brum *m*.

4. agitabis *AR* : -bitis *S* || insparges et *AR* : -ge sed *S* || iubebis *SA* : uidebis *R* || dum *p* : cum *cett.* || defrigescat *S* : -scit *AR* || praecepimus *S* : -cipimus *AR*.

5. costum *S* : cortum *AR* || schoenum *A*[2]*R* : schen- *S* scoen- *A*[1] || quorum *bt* : quarum *SAR* || pondo *SA* : *om.* *R* || quincunx *S* : quicuna *AR* || quincunx *R* : cinc- *SA*.

6. in *S* : *om.* *AR* || puluerem *tj* : -re *SAR* || sex *R* : ex *SA* || musti *AR* : -tis *S*.

évaluer la dose convenable que d'après la nature du vin, et il faut éviter qu'on reconnaisse la saveur de l'apprêt, ce qui fait fuir l'acheteur. **7.** Toutefois j'ai l'habitude, si la vendange a été humide, de mêler un tiers de setier de l'apprêt, et, si elle a été sèche, un quart pour deux amphores, c'est-à-dire pour quatre urnes de moût, l'urne étant de vingt-quatre setiers ; je sais que quelques agriculteurs mettaient un quart de setier de l'apprêt par amphore, mais qu'ils le faisaient contraints par la trop grande faiblesse d'un vin qui se conservait à peine trente jours sans s'altérer. **8.** Cependant il vaut mieux, si l'on a du bois en abondance, faire bouillir ce moût et le débarrasser de toute l'écume avec la lie ; on en perdra ainsi le dixième, mais le reste est de longue durée. Si on manque de bois, on devra mêler à chaque amphore une once de ce qu'on appelle « fleur » de marbre ou de gypse, ainsi que deux setiers de *defrutum* réduit au tiers [7]. Même si ce traitement ne conserve pas au vin une saveur durable, il la garde du moins généralement jusqu'à la prochaine vendange.

21 Autre procédé permettant de vieillir un moût sans force [1].

1. On fera cuire jusqu'à réduction au tiers du moût de la saveur la plus douce possible ; ainsi réduit, il prend le nom de *defrutum*, comme je viens de le dire. Lorsqu'il est refroidi, on le transvase dans d'autres vaisseaux et on le met en réserve pour l'employer au bout d'un an. On peut

7. Caton déjà (*Agr.* 23, 3-4) recommandait l'emploi de la poudre de marbre. Pline mentionne le gypse parmi les apprêts des viticulteurs grecs, italiens et africains (14, 120 et 126).

1. Ces procédés d'apprêt du vin seront repris par Palladius, 11, 14, 2, pour qui l'addition de moût est un usage italien, celle d'eau de mer un usage grec.

quoniam pro natura uini aestimari oportet quid satis sit, cauendumque est ne conditus sapor intellegatur ; nam ea res emptorem fugat. **7.** Ego tamen, si umida fuerit uindemia, trientem, si sicca, quadrantem medicaminis in binas amphoras miscere solitus sum, ita ut quattuor urnarum esset musti modus — urna autem quattuor et uiginti sextariorum — ; nonnullos agricolas singulis amphoris quadrantem medicaminis indidisse scio, sed hoc coactos fecisse propter nimiam infirmitatem uini eiusmodi, quod uix triginta diebus integrum permanebat. **8.** Hoc tamen mustum, si sit lignorum copia, satius est inferuefacere et omnem spumam cum faecibus expurgare, quo facto decima pars decidet, sed reliqua perennis est. At si lignorum penuria est, marmoris uel gypsi quod flos appellatur, uncias singulas, item ad tertias decocti defruti sextarios binos singulis amphoris miscere oportebit. Ea res etiam si non in totum perennem, at certe usque in alteram uindemiam plerumque uini saporem seruat.

Aliter, quemadmodum mustum infirmi generis ad uetustatem possit perduci. 21

1. Mustum quam dulcissimi saporis decoquetur ad tertias et decoctum, sicut supra dixi, defrutum uocatur ; quod cum defrixit, transfertur in uasa et reponitur, ut post annum sit in usu. Potest tamen et post dies nouem

6. uini *AR* : uinea *S* || intellegatur *SA* : -lligatur *R*.
7. modus *AR* : modum *S* || agricolas A^2R : -las in *S* -la A^1 || permanebat S^2AR : -neuat S^1 -nebit *p*.
8. faecibus S^2 : faci- S^1A fauci- *R* || perennem at SA^1 : perennat A^2R.

21. usu *AR* : usum *S*.

aussi toutefois l'ajouter au vin neuf jours après qu'il a refroidi, mais il est meilleur après une année de repos. On ajoute un setier de ce *defrutum* à deux urnes de moût, si le moût provient de vignes de coteaux, mais trois hémines, s'il provient de vignes de plaines. **2.** On laisse deux jours le moût tiré de la cuve fermenter et se purger ; le troisième jour, on ajoute le *defrutum*, puis, deux jours après, quand ce moût aura fermenté avec le *defrutum*, on le purge et, dans cet état, on y ajoute pour deux urnes une bonne cuillerée ou la mesure d'une demi-once bien pleine de sel grillé et égrugé [2]. Ce sel, le plus blanc possible, est jeté dans un pot de terre non poissé ; quand le pot a reçu le sel, on l'enduit tout entier soigneusement d'un mélange d'argile paillée ; on le place ainsi sur le feu et on le torréfie tant qu'on entend des pétillements ; quand ils commencent à cesser, la cuisson est terminée. **3.** On fait en outre macérer pendant trois jours du fenugrec dans du vin vieux ; puis on l'en retire et on le fait sécher au four ou au soleil ; quand il est devenu sec, on le broie. Une fois broyé, après en avoir salé le moût, on en jette pour deux urnes une bonne cuillerée ou une coupe de même contenance, soit un quart de cyathe [3] ; puis, quand le moût a terminé sa fermentation et s'est reposé, on mêle autant de fleur de gypse qu'on a mis de sel, et le lendemain on purge la jarre [4], on couvre le vin traité et on lute <le couvercle>.

4. C'est de cette préparation que Columelle [5], mon oncle paternel, agriculteur distingué, usait habituellement sur les

2. 2 *urnae* = 26,26 l ; 1 *cochlear* = 0,0114 l ; la 1/2 once = 13,644 g.

3. L'équivalence est exacte : le *cochlear* de 0,0114 l est bien le 1/4 du cyathe de 0,0455 l.

4. Richter comprend « am folgenden Tag reinigt man *ein* Weinfass », alors qu'il s'agit du même *dolium* dans lequel on a versé 2 urnes de moût et qu'on purge des impuretés après la fermentation.

5. L'oncle de l'auteur, Marcus Columella, gros propriétaire rural de Bétique, auprès duquel il passa ses jeunes années, *doctissimus et diligentissimus agricola* (2, 15, 4), *uir illustribus disciplinis eruditus ac diligentissimus agricola* (5, 5, 15).

quam refrixerit, adici in uinum, *sed* melius est, si anno requieuerit. Eius defruti sextarius in duas urnas musti adicitur, si mustum ex uineis collinis est, sed, si ex campestribus, tres heminae adiciuntur. **2.** Patimur autem, cum de lacu mustum sublatum est, biduo deferuescere et purgari ; tertio die defrutum adicimus ; deinde interposito biduo, cum id mustum pariter cum defruto deferbuerit, purgatur et ita eo adicitur in binas urnas ligula cumulata uel mensura semunciae bene plenae salis cocti et triti. Sal autem quam candidissimus coicitur in urceo fictili sine pice ; qui urceus cum recipit salem, diligenter totus oblinitur luto paleato et ita igni admouetur ac tamdiu torretur, quamdiu strepitum edit ; cum silere coepit, finem habet cocturae. **3.** Praeterea faenum Graecum maceratur in uino uetere per triduum, deinde eximitur et in furno siccatur uel in sole ; idque cum est aridum factum, molitur. Ex eo molito post sallituram musti cochlear cumulatum uel simile genus poculi huius qu*ae* est quarta pars cyathi adicitur in binas urnas ; deinde, cum iam perfecte mustum deferbuit et constitit, tantundem gypsi floris miscemus quantum salis adieceramus, atque ita postero die purgamus dolium et nutritum uinum operimus atque oblinimus.

4. Hac conditura Columella patruus meus, inlustris agricola, uti solitus est in his fundis, in quibus palustres

1. sed *Ald.* : et *SAR* at *Richter* || defruti *AR* : -tis *S* || adicitur *SA* : additur *R* || si (*ante* mustum) *AR* : sit *S*.

2. mustum *AR* : -tus *S* || deferbuerit *AR* : deferuerit *S* || plenae S^2A : planae S^1 -ne *R* || coicitur *SA* : coni- *R* || urceo S^2AR : -cio S^1 || cum *AR* : tum *S*.

3. maceratur *AR* : -tum *S* || triduum *AR* : -dum *S* || molitur et ex *F.-H.* || poculi *codd.* : moduli *Richter* || huius *A* : puius *S* eius eius *cp* || quae *uett.* : quod *H.-F* qui *codd.* || adieceramus *R* : adicie- *SA*.

domaines où il avait des vignobles en terrain marécageux ; mais, quand il apprêtait des vins de côteaux, il ajoutait, au lieu de sel, de l'eau de mer réduite au tiers. Elle ajoute sans aucun doute à la quantité et au bouquet, mais elle risque de gâter le vin, si elle n'est pas convenablement cuite. On la prend, comme je l'ai déjà dit [6], le plus loin possible du rivage, car elle est d'autant plus limpide et plus pure qu'elle a été prise plus loin en haute mer.

5. Si, comme le faisait Columelle, on la met de côté et qu'au bout de trois ans on la transvase dans d'autres récipients après l'avoir épurée, puis, si, trois ans après encore, on la fait bouillir jusqu'à réduction au tiers, on aura un bien meilleur apprêt du vin et il ne risquera pas de se gâter. Il suffit d'ailleurs d'ajouter un setier d'eau de mer à deux urnes de moût, bien que beaucoup de personnes en versent même deux setiers et quelques-uns même jusqu'à trois, ce que je ne désapprouverais pas si le vin était assez fort pour qu'on ne sente pas la saveur de l'eau salée. **6.** Ainsi un propriétaire attentif, qui vient d'acquérir un domaine, doit, dès la première vendange, expérimenter trois ou quatre sortes d'apprêts sur autant d'amphores de moût, pour connaître combien le vin qu'il a obtenu peut supporter d'eau salée, sans que le goût en puisse souffrir.

22 Autre procédé pour apprêter le moût.

1. Mettez dans une bassine ou un baquet un métrète de poix liquide néméturique, versez-y deux conges de lessive

6. Ce traitement par le sel ou l'eau de mer, emprunté aux Grecs, est déjà signalé par Caton, *Agr.* 105 (*uinum graecum*) ; cf. Pline, *nat.* 14, 95-96 ; Pallad. 11, 14, 2. Sur la pratique du salage en Italie, cf. A. Tchernia, *Le vin dans l'Italie romaine*, Ec. Fr. de Rome, 1986, p. 105-106.

uineas habebat ; sed idem, cum collina uina condiebat, aquam salsam decoctam ad tertias pro sale adiciebat. Ea porro facit sine dubio maiorem mensuram et odoris melioris, sed periculum habet ne uitietur uinum, si male cocta sit aqua. Sumitur autem haec, ut iam dixeram, quam longissime ab litore ; nam liquidior et purior est, quantum altiore mari hausta est. **5.** Eam si quis, ut Columella faciebat, reponat et post triennium in alia uasa eliquatam transfundat, deinde post alterum triennium decoquat usque ad partem tertiam, longe meliorem habebit condituram uini, nec ullum periculum erit ne uina uitientur. Satis est autem sextarios singulos adicere salsae aquae in binas musti urnas, quamuis multi etiam binos inmisceant, nonnulli etiam ternos sextarios, idque ego facere non recusem, si genus uini tantum ualeat ut aquae salsae non intellegatur sapor. **6.** Itaque diligens pater familiae, cum parauerit fundum, statim prima uindemia tres aut quattuor notas conditurae totidem amphoris musti experietur, ut exploratum habeat quantum plurimum salsae uinum, quod fecerit, sine offensa gustus pati possit.

Alterum medicamen, quo mustum condias. **22**

1. Picis liquidae Nemeturicae metretam adde in labrum aut in alueum, et in eodem infundito cineris

4. uina *AR* : *om. S* || male *S* : mala *AR* || ab *SA* : a *bmr* || purior *AR* : turpior *S*.
5. eliquatum *AR* : -ta *S* || aquae *S* : easque *AR* || binas *AR* : uinas *S* || recusem *SR* : -ssem *A* || intellegatur *SA* : -lligatur *R*.
6. prima *AR* : -mum *S* || conditurae *AR* : conit- *S*.

22. *Rubr.* alterum *ed. pr.* : alter *y* aliter *SA* || quo *œ*, *ed. pr.* : quod *SA* || 1. nemeturicae *SA*[1]*R* : nemotu- *A*[2] || cineris *l* : -re *SAR*.

de cendre, puis mélangez avec une spatule de bois [1] ; quand cela aura reposé, filtrez la lessive, puis ajoutez-en encore une fois la même quantité, mélangez de la même façon et filtrez ; faites cette même opération encore une troisième fois : la cendre fait disparaître l'odeur de la poix et élimine les impuretés. **2.** Ajoutez-y ensuite dix livres de poix bruttienne, ou, à défaut d'une autre, la plus pure et la meilleure possible et cinq livres de résine dure la plus pure [2]. Coupez-les menu et mélangez-les avec la poix néméturique ; puis versez deux conges de très vieille eau de mer, si vous en avez, sinon d'eau de mer récente réduite au tiers par ébullition ; laissez la bassine découverte au soleil pendant le lever de la Canicule [3] et mélangez avec la spatule de bois aussi souvent que possible jusqu'à ce que les substances ajoutées se fondent dans la poix et forment un tout homogène. Il conviendra de couvrir la bassine pendant la nuit pour qu'elle ne prenne pas la rosée. **3.** Ensuite, quand l'eau de mer ajoutée paraîtra évaporée par l'effet du soleil, on aura soin de porter à couvert le récipient tel quel. Quelques personnes ont l'habitude de mêler trois onces de cet apprêt dans quarante-huit setiers de moût et se trouvent bien de cette préparation ; d'autres en mettent trois cyathes dans le nombre de setiers indiqué ci-dessus.

23 La préparation du vin poissé.

1. On appelle « poix d'écorce » celle que les Allobroges emploient comme apprêt [1]. On la prépare de façon qu'elle se durcisse et, plus elle est vieille, meilleure elle est pour

1. Les données de Columelle conviennent seulement pour de très grosses propriétés, mais le calcul de la production du domaine est malaisé, sinon impossible, les mesures de liquide (métrète, conge, cyathe, setier) se combinant avec des mesures de poids (livre, once).

lixiuae congios duos, deinde permisceto spatha lignea ; cum requieuerit, eliquato lixiuam, deinde iterum tantundem lixiuae addito, eodem pacto permisceto et eliquato ; tertio quoque idem facito : cinis autem odorem picis aufert et eluit spurcitiam. **2.** Post eodem addito picis Bruttiae, si minus, alterius notae quam purissimae et quam optimae x pondo et resinae durae quam purissimae quinque libras ; haec minute concidito et admisceto pici Nemeturicae ; tum aquae marinae quam uetustissimae, si erit, si minus, ad tertiam partem recentis aquae marinae decoctae congios duos inicito, apertum labrum sinito in sole per Caniculae ortum et spatha lignea permisceto quam saepissime usque eo dum ea quae addideris in pice conliquescant et unitas fiat. Noctibus autem labrum operire conueniet, ne inroretur. **3.** Deinde, cum aqua marina, quam addideris, sole consumpta uidebitur, sub tectum uas totum ferre curabis. Huius medicaminis quidam pondo quadrantem in sextarios quadraginta octo miscere soliti sunt et hac conditura contenti esse, alii cyathos tres eius medicamenti adiciunt in totidem sextarios quot supra diximus.

Conditura uini picati. **23**

1. Pix corticata appellatur qua utuntur ad condituras Allobroges. Ea sic conficitur ut dura sit, et quanto facta

1. lixiuae x^2 : lexi- *SAfh* lixiuiae *bmr* || congios A^2R : -gias *S* -cios A^1 || spatha *m* : sphata *SAp* || lixiuam *Ap* : lexi- *S* lixiuiam *R* || lixiuae *A* : lexi- *S* lixiuiam *R* || spurcitiam *AR* : -tiem *S*.

2. notae *S* : bruttae *AR* || et quam optimae — purissimae S^2 : *om. cett.* || si erit *SR* : sic erit *A* || sinito in *St* : insinito *AR* || sole *t* : solem *SAR* || spatha S^2 : patha S^1 phata *AR*.

3. consumpta *R* : -sumta *SA* || huius *SA* : huius quidem *ct* huius autem *ed. pr.* || quot A^2R : quod SA^1.

l'usage ; car, quand elle a perdu toute sa viscosité, on la réduit en poudre et on la tamise plus facilement. Il faut donc la broyer et la tamiser ; puis, après deux fermentations du moût, ce qui a lieu ordinairement avant la fin du quatrième jour après qu'on l'a tiré de la cuve, on le débarrasse avec soin de ses saletés avec la main, et alors seulement on ajoute deux onces et demie de la poix en question pour cinquante-cinq setiers ; on mélange avec un rouable de bois et on n'y touche plus tant qu'il fermente. **2.** Toutefois la fermentation ne doit pas dépasser quatorze jours à partir de l'opération, car, après ce laps de temps, il faudra sans retard purifier le vin, gratter et frotter la lie qui s'est attachée aux bords ou aux parois des récipients, placer immédiatement des couvercles et luter.

Si l'on veut apprêter avec la même poix toute la vendange, sans qu'on puisse reconnaître un goût de vin poissé, il suffira de mêler six scrupules de cette même poix à quarante-cinq setiers[2], mais seulement quand le moût aura terminé sa fermentation et aura été débarrassé de ses lies. **3.** Il faudra, d'autre part, ajouter dans cette même quantité de moût une demi-once de sel grillé et égrugé. Ce n'est pas seulement dans ce genre de vin qu'il faut mettre du sel, mais, si faire se peut, en toutes régions, on devra saler au même degré toute espèce de vendange, car cette pratique empêche le vin de prendre la graisse[3].

1. Sur le vin poissé (*uinum picatum*) des Allobroges, cf. J. André-L. Levadoux, *La vigne et le vin des Allobroges*, in *Journal des Savants*, 1964, p. 169-181.

2. Il y a loin des doses de poix pour le *uinum picatum* (2 onces ½ = 68 g pour 55 setiers = 30 l) à celles du simple apprêt de la récolte, qui ne laisse pas de goût (6 scrupules seulement = 7 g pour 45 setiers = 24,6 l).

3. Le salage n'avait pas pour effet de modifier le goût ou les propriétés du vin, mais d'en corriger les défauts. L'acide chlorydrique produit accélère la précipitation de la lie, avive la couleur et facilite le transport ; cf. T. Viala, *Grande encyclopédie*, art. vin (salage) ; R. Billiard, *La vigne dans l'antiquité*, Lyon, Lardanchet, 1913, p. 500-502. Le salage du moût est autorisé en France à la dose de 1 g par litre.

est uetustior, eo melior in usu est : nam omni lentore misso facilius in puluerem resoluitur atque cribratur. Hanc ergo conteri et cribrari oportet ; deinde, cum bis mustum deferbuerit, quod plerumque est intra quartum diem quam de lacu sublatum est, diligenter manibus expurgatur et tum demum praedictae picis sextans et semuncia in sextarios quinque et quinquaginta adicitur, et rutabulo ligneo permiscetur, nec postea tangitur, dum conferuescat. **2.** Quod tamen non amplius diebus quattuordecim a conditura patiendum est : nam oportebit post hunc numerum dierum confestim uinum emundare et, si quid faecis aut labris uasorum aut lateribus inhaesit, eradi ac suffricari et protinus operculis inpositis oblini.

At si ex eadem pice totam uindemiam condire uolueris, ita ne gustus picati uini possit intellegi, sat erit eiusdem picis sex scripula in sextarios quinque et quadraginta tum demum miscere, cum mustum deferbuerit et faeces expurgatae fuerint. **3.** Oportebit autem salis decocti contritique semunciam in eundem modum musti adicere. Nec solum huic notae uini sal adhibendus est, uerum, si fieri possit, in omnibus regionibus omne genus uindemiae hoc ipso pondere salliendum est ; nam ea res mucorem uino inesse non patitur.

23. eo *AR* : et *S* || melior *A* : mellior *R* mollior *S* || deferbuerit *S* : deferuerit *AR* || tum *S* : tunc *AR* || sextans *R* : sestans *SA* || rutabulo *AR* : rota- *S*.

2. labris *SA*²*R* : labis *A*¹ || at *S* : ac *AR* || eiusdem *SA* : eidem *R* || deferbuerit *S* : deferuerit *AR*.

3. oportebit *S*² : -terit *S*¹*AR*.

24 Autre façon d'apprêter le vin.

1. La poix néméturique se prépare en Ligurie. Pour la rendre ensuite propre aux apprêts, on doit prendre de l'eau de mer le plus loin possible du rivage et la réduire de moitié par ébullition ; quand elle aura assez refroidi pour ne pas brûler quand on la touche, on en mêlera une quantité suffisante avec la poix susdite et on l'agitera soigneusement avec une spatule de bois ou même avec la main pour enlever les impuretés s'il y en a. **2.** On laissera ensuite reposer la poix et, quand elle aura reposé, on décantera l'eau ; puis, avec le reste de l'eau qu'on a fait réduire, on lavera la poix deux ou trois fois et on la pétrira jusqu'à ce qu'elle devienne rouge ; après en avoir évacué l'eau, on exposera la poix quatorze jours au soleil pour sécher toute l'humidité laissée par l'eau, mais on couvrira le récipient pendant la nuit pour qu'il ne prenne pas la rosée. Quand on aura ainsi préparé la poix et qu'on voudra apprêter les vins après deux fermentations, on mettra deux cyathes de la poix susdite dans quarante-huit setiers de moût en procédant ainsi : **3.** de cette quantité de moût que l'on doit apprêter, on devra prendre deux setiers, puis verser peu à peu le moût de ces setiers sur deux onces de poix et pétrir à la main, comme pour le vin miellé, afin de faciliter l'amalgame. Mais, quand les deux setiers et la poix auront été totalement amalgamés et n'auront fait pour ainsi dire qu'une seule substance, il conviendra de les verser dans le récipient d'où on les avait tirés et d'agiter avec un rouable de bois pour bien mélanger l'apprêt.

Aliter uinum condire. 24

1. Pix Nemeturica in Liguria conficitur. Ea deinde ut fiat condituris idonea, aqua marina quam longissime a litore de pelago sumenda est atque in dimidiam partem decoquenda, quae cum in tantum refrixerit quantum ne contacta corpus urat, partem aliquam eius quae satis uidebitur praedictae pici inmiscebimus et diligenter lignea spatha uel etiam manu peragitabimus, ut, si quid inest uitii, eluatur. **2.** Dein patiemur picem considere, et cum consederit, aquam eliquabimus ; postea bis aut ter ex reliqua parte aquae decoctae tamdiu lauabimus et subigemus eam, donec rutila fiat. Tum eliquatam in sole XIV diebus patiemur esse, ut quisquis ex aqua umor remansit adsiccetur ; noctibus autem uas tegendum erit, ne inroretur. Cum hoc modo picem praeparauerimus et uina, cum iam bis deferbuerint, condire uoluerimus, in musti sextarios octo et quadraginta cyathos duos picis praedictae sic adiciemus : **3** ex ea mensura quam condituri sumus, sextarios duos musti sumere oportebit, deinde ex his sextariis in picis sextantem paulatim mustum infundere et manu tamquam mulsum subigere, quo facilius coeat. Sed ubi toti duo sextarii cum pice coierint et quasi unitatem fecerint, tum eosdem in id uas, unde sumpseramus, perfundere et, ut permisceatur medicamen, rutabulo ligneo peragitare conueniet.

24. nemeturica *t* : nemotu- *SAR* || condituris *SR* : -toris *A* || atque *S* : quae *A* que *R* || praedictae *SR* : -dicti *A* || immiscebimus *S* : -scemus *AR* || sphata *codd.* || quid *AR* : quod *S*.

2. considere *S* : -sedere *AR* || consederit *S* : sederit *AR* || lauabimus *t* : lauda- *SAR* || subigemus *R* : -gebimus *SA* || tum eliquatam *t* : dum eli- *SR* duae li- *A* || cyathos *R* : quiatos *SA*.

3. coeat *AR* : quo eat *S* || id uas *l*, *Ald.* : duas *SAR*.

25 Comment saler l'eau douce pour apprêter le vin.

1. Comme quelques Grecs, je dirais même presque tous, apprêtent le moût avec de l'eau salée ou de l'eau de mer, j'ai cru devoir ne pas omettre cette partie des soins.

Dans l'intérieur des terres, où il n'est pas facile de transporter de l'eau de mer, voici comment on devra préparer la saumure pour l'apprêt. **2.** L'eau de pluie est la plus propre à cet usage, à défaut, celle qui coule d'une source très limpide. On aura soin d'exposer au soleil cinq ans à l'avance dans les meilleurs vases une très grande quantité de l'une ou de l'autre de ces eaux, puis, quand elle se sera corrompue, de lui laisser le temps de revenir à son premier état [1]. Quand cela sera fait, on prendra d'autres récipients et on y décantera l'eau peu à peu jusqu'à ce qu'on arrive aux impuretés ; car on trouve toujours dans l'eau qui s'est reposée quelque dépôt au fond des vases. **3.** Traitée ainsi, on devra la réduire au tiers par ébullition, comme pour le *defrutum*. On ajoute alors pour cinquante setiers d'eau douce six setiers de sel blanc et un setier du meilleur miel. Il faut faire bouillir le mélange et retirer toutes les impuretés, puis laisser refroidir et verser tout le liquide dans une amphore de moût [2].

La cuisson de l'eau de mer [3].

4. Si le domaine est au bord de la mer, on devra, en l'absence de vent et quand la mer sera parfaitement calme, prendre de l'eau au large et la réduire au tiers, en ajoutant,

1. On peut légitimement se demander comment une eau corrompue peut redevenir saine naturellement. Les Anciens ne s'accordaient pas sur la putrescibilité de l'eau de pluie : très putrescible pour Hippocrate, *aer.* 8, et Pline, 31, 34, elle l'était peu au contraire pour Celse, 2, 30, 3. D'après Pline, *l.c.*, le médecin grec Epigénès, au 4e s., soutenait qu'une eau gâtée et purifiée sept fois ne se corrompait plus.

Aquam dulcem ad condituram uini salsam facere. **25**

1. Quoniam quidam, immo enim fere omnes, Graeci aqua salsa uel marina mustum condiunt, eam quoque partem curae non omittendam putaui.

In mediterraneo, quo non est facilis aquae marinae inuectio, sic erit ad condituras conficienda muria. **2.** Huic rei maxime est idonea caelestis aqua, si minus, ex fonte liquidissimo profluens. Harum ergo alterutram curabis quam plurimam et quam optimis uasis conditam ante quinquennium in sole ponere, deinde, cum conputruerit, tamdiu pati, donec ad pristinum modum perueniat. Quod cum factum fuerit, alia uasa habeto et in ea sensim aquam eliquato, donec ad faecem peruenias ; semper enim in requieta aqua crassamen aliquod in imo reperitur. **3.** Sic curata cum fuerit, in modum defruti ad tertias decoquenda est . Adiciuntur autem in aquae dulcis sextarios quinquaginta salis candidi sextarii sex et mellis optimi unus sextarius. Haec pariter decoqui et omnem spurcitiam expurgari oportet, deinde, cum refrixerit, tum quantumcumque umoris est, tan*tam* in amphoram musti portionem adici.

De aqua marina decoquenda.

4. Quod si ager maritimus est, silentibus uentis de alto quam quietissimo mari sumenda est aqua et in

25. mediterraneo *AR* : mediat- *S* || ad *AR* : at *S* || conficienda *S* : -dam *A* -das *R* || muria *SR* : uriam *A*[1] muriam *A*[2].

2. plurimam *SA* : -mum *R* || conputruerit *AR* : -tuerit *S* putruerit *p* || reperitur *R* : reppe- *SA*.

3. ad *S*[2]*A*[2]*R* : at *S*[1] a *A*[1] || candidi *Schn.* : -dis *S*, *om.* *AR* || sextarii sex *S* : sextariis *A*[1] -rius *A*[2]*R* || quantumcumque umoris *AR* : -cuique moris *S* || tantam *Morgagni ap. Gesner II, 1215, F.-H.* : tantum *codd.*

si on le juge bon, quelques-uns des aromates dont j'ai parlé plus haut [4], afin que le traitement du vin lui donne plus de bouquet. Avant de tirer le moût de la cuve, on exposera les vases à la fumée du romarin, du laurier ou du myrte et on les remplira à ras bords de façon qu'en fermentant le vin se purge bien : on frottera ensuite légèrement les vases avec des pignes de pin [5]. **5.** Si on veut un vin plus doux, il faudra l'apprêter le lendemain du jour où on l'aura tiré de la cuve ; si on le veut plus fort, le cinquième jour ; on complétera et on bouchera les vases. Quelques personnes aussi, après avoir fumigé des *seriae* [6], y mettent d'abord l'apprêt et versent alors le moût.

26 Pour empêcher le vin d'aigrir.

1. Dans un domaine où le vin a coutume de tourner à l'aigre, il faut avoir soin, quand on a cueilli et foulé le raisin, avant d'exprimer le marc au pressoir, de verser le moût dans un chaudron, d'ajouter un dixième d'eau douce d'un puits du même domaine et de le faire bouillir jusqu'à évaporation d'une quantité égale à celle de l'eau ajoutée. Ensuite, après refroidissement, on versera dans des vases qu'on couvrira et qu'on lutera ; ainsi <le vin> durera plus longtemps et ne souffrira aucun dommage. **2.** Il vaut mieux ajouter de vieille eau conservée depuis plusieurs années, et bien mieux encore ne pas ajouter d'eau du tout et faire réduire le moût d'un dixième, le verser dans des vases une fois refroidi et jeter une hémine de gypse sur six setiers de moût, quand il est refroidi après la cuisson [1]. Le

4. Voir la liste de ces aromates au chap. 20, 5.

5. Même emploi des cônes de pin dans Col. 12, 30, 2. Les *Géop.* recommandent, pour donner bonne odeur au vin, de frotter les bords de la jarre avec des « feuilles » de différents pins ou de cyprès.

6. Sur la capacité et les emplois de ces grandes jarres que sont les *seriae*, cf. ch. 28 et n. 1. Voir W. Hilgers, *Lateinische Gefässnamen*, Dusseldorf, Rheinland-Verlag, 1969, p. 276-277 ; K. D. White, *Farm Equipment of the Roman World*, Cambridge Univ. Press, 1975, p. 185-188.

tertiam partem decoquenda, adiectis, si uidebitur, aliquibus aromatis ex is quae supra rettuli, ut sit odoratior uini curatio. Mustum autem antequam de lacu tollas, uasa rore marino uel lauro uel murto subfumigato et large repleto, ut in efferuescendo uinum se bene purget ; postea uasa nucibus pineis suffricato. **5.** Quod uinum uolueris dulcius esse, postero die, quod austerius, quinto die quam sustuleris condire oportebit et ita supplere et oblinire uasa. Nonnulli etiam subfumigatis seriis prius condituram addunt et ita mustum infundunt.

Ne uinum acescat. **26**

1. In quo agro uinum acescere solet, curandum est ut, cum uuam legeris et calcaueris, priusquam uinacea torculis exprimantur, mustum in cor*ti*nam defundas et aquae dulcis puteanae ex eodem agro partem decimam adicias et coquas, donec ea aqua quam adieceris decocta sit. Postea cum refrixerit, in uasa defundas et operias et oblinas ; ita diutius durabit et detrimenti nihil fiet. **2.** Melius est, si ueterem seruatam compluribus annis aquam addideris, longeque melius, si aquae nihil addideris et decimam musti decoxeris frigidumque in uasa transtuleris, et si in sextarios L musti heminam gypsi miscueris, posteaquam decoctum refrixerit. Reli-

4. is *S* : his *AR* || rettuli *S* : retuli A^2*R* retulli A^1 || uini *S* : uni *AR* || murto *SA* : myrto *R* || uinum *R* : unum *SA*.
5. suffumigatis *S* : -gantis *AR*.

26. *Rubr.* acescat *SR* : ages- *A* || 1. acescere *AR* : accessere *S* || cortinam *Schn.* : cornam *SA* corbem *R* || puteanae *ed. pr.* : -ne *A* putaeane *S* puteune *pj.*
2. longeque — addideris *om.* S^1 || uasa *S* : uas *AR* || VI *ego* : L *S* uł *R* ł *A, uide comm.* || refrixerit *t* : -ris *SAR*.

reste du moût, exprimé du marc, devra être consommé sans retard ou vendu.

27 **Comment faire le vin doux.**

Il faut faire ainsi le vin doux : cueillez les raisins, exposez-les trois jours au soleil ; le quatrième jour, à midi, foulez les grappes toutes chaudes ; recueillez le moût de mère-goutte [1], c'est-à-dire celui qui a coulé dans la cuve au moût avant qu'on ait soumis le raisin au pressoir ; quand il aura cessé de fermenter, ajoutez une once au plus d'iris bien pilé pour cinquante setiers ; transvasez le vin épuré de sa lie. Ce sera un vin agréable, solide et salutaire pour le corps.

28 **Autre manière d'apprêter le vin doux.**

1. Pilez de l'iris le plus blanc possible, faites macérer du fenugrec dans du vin vieux, puis exposez-le au soleil ou au four pour qu'il sèche ; broyez-le alors très menu. En outre, mêlez bien ensemble des aromates pulvérisés, c'est-à-dire 9 onces d'iris passé au tamis, 9 onces de fenugrec, et cinq onces d'herbe-à-chameau ; ajoutez alors par chaque *seria* de sept amphores [1] une once et huit scripules de l'apprêt. **2.** Si le moût provient de terrains marécageux, ajoutez trois

1. Le *mustum lixiuum* est le moût de mèregoutte coulant naturellement des raisins entassés dans la cuve avant le foulage, cf. Pline, 14, 85.

1. Il s'agit donc ici de jarres de grande capacité (*seria*) : 7 amphores de 26,26 l, soit 183,82 l.

quum mustum, quod in uinaceis fuerit, expressum primo quoque tempore absumito aut aere commutato.

De uino dulci faciendo. 27

Vinum dulce sic facere oportet : uuas legito, in sole per triduum expandito, quarto die meridiano tempore calidas uuas proculcato ; mustum lixiuum, hoc est, antequam prelo pressum sit, quod in lacum musti fluxerit, tollito ; cum deferbuerit, in sextarios quinquaginta irim bene pinsitam ne plus unciae pondere addito ; uinum a faecibus eliquatum diffundito. Hoc uinum erit suaue, firmum, corpori salubre.

Aliter uinum dulce condire. 28

1. Irim quam candidissimam pinsito ; faenum Graecum uetere uino macerato, deinde in sole exponito aut in furno, ut siccescat ; tum commolito minutissime. Item odoramenta trita, id est irim cribratam, quae sit instar pondo quincuncem et trientem, faeni Graeci pondo quincuncem et trientem, schoeni pondo quincuncem in unum permisceto ; tum in serias singulas, quae sint amphorum septenum, addito medicaminis pondo unciam scripula octo. **2.** Gypsi, cum ex locis

2. in *codd.* : e *Schn.* || uinaceis *R* : -ciis *SA*.

27. tempore *codd.* : tep- *Richter* || calidas *AR* : caldas *S* || quod *AR* : *om. S* || lacum *Acp* : lacu *S* || pinsitam *SR* : pisi- *A* || a *AR* : as *S* || corpori *S* : -rali *AR*.

28. candidissimam *SR* : condi- *A* || exponito *S* : -posito *AR* || ut *AR* : aut *S* || quincuncem *t* : quinque *AR* V *S* || quincuncem *R* : quincum *SA* || quincuncem *R* : -cumcem *A* -cumquem *S* || amphorum *codd.* : -rarum *Ald.* || scripula *Stü* : -lam *AR*.

hémines de gypse par *seria* ; s'il provient de jeunes vignes, un setier ; si c'est de vieilles vignes en terrain sec, une hémine. Trois jours après avoir foulé, versez l'apprêt ; mais avant de le faire, transvasez une petite quantité de moût de la *seria* dans une autre, de crainte qu'au cours de l'opération, il ne fermente avec l'apprêt et ne déborde. **3.** Procédez ainsi : mélangez dans une bassine la quantité de gypse et d'apprêt nécessaire pour chaque *seria*, délayez cet apprêt dans le moût, versez-les dans des *seriae* et mélangez. Complétez et lutez aussitôt après la fermentation [2].

Tout vin apprêté ne devra pas être transvasé immédiatement, mais on le laissera reposer dans les jarres ; quand ensuite vous voudrez le transvaser des jarres ou des *seriae*, transvasez-le au printemps, à la floraison des roses, purgé de la lie et très clair, dans des vases propres bien poissés. **4.** Si on veut le conserver pour le faire vieillir, on ajoutera à un cadus de deux urnes [3] un setier du meilleur vin ou trois setiers de lie fraîche d'un vin généreux ou, si on a des vases vides depuis peu de leur vin, on l'y mettra. Quel que soit celui de ces procédés qu'on emploiera, le vin sera bien meilleur et plus solide. Si de plus on ajoute de bonnes odeurs, on chassera toutes les mauvaises saveurs ; car rien ne prend les odeurs étrangères plus rapidement que le vin [4].

2. *repleto* : remplir la *seria* en remplaçant la quantité perdue lors de la fermentation.

3. Texte curieux : le *cadus* grec (κάδος) contient en principe 3 *urnae* soit 39,39 l, d'après *Grom.* p. 376,10 et Isid., *Etym.* 16, 26, 13 ; cf. K. D. White, *Farm Equipment*, p. 126-128. Il dépasse donc notablement l'amphore — quadrantal de 26,26 l, c'est-à-dire 2 *urnae*. Même en ajoutant 3 setiers (1,642 l), on est assez loin de la capacité du *cadus*.

4. Le style parfois rustique de Columelle dans ce passage est souligné par les trois occurences d'*odor* dans cette même phrase.

palustribus mustum erit, in serias singulas ternas heminas, cum de nouellis uineis erit, sextarium, cum de ueteribus et locis siccis, heminas singulas adicito. Tertio die quam calcaueris, condituram infundito ; sed antequam condias, musti aliquantum in seriam de seria transferto, ne in condiendo, cum medicamento efferuescat, et fluat. **3.** Sic autem curato : gypsum et medicamentum in labello permisceto quantum seriis singulis fuerit necessarium, idque medicamentum musto diluito et ipsa ad serias addito et permisceto. Cum deferbuerit, statim repleto et oblinito.

Omne uinum cum condieris, nolito statim diffundere, sed sinito in doliis liquescere ; postea, cum de doliis aut de seriis diffundere uoles, per uer florente rosa defaecatum quam limpidissimum in uasa bene picata et pura transferto. **4.** Si in uetustatem seruare uoles, in cado duarum urnarum quam optimi uini sextarium aut faecis generosae recentis sextarios tres addito ; aut si uasa recentia, ex quibus uinum exemptum sit, habebis, in ea confundito. Si horum quid feceris, multo melius et firmius erit uinum. Etiam, si bonos odores addideris, omnem malum odorem et saporem prohibueris ; nam nulla res alienum odorem celerius ad se ducit quam uinum.

2. serias *S : om. AR* || *pr.* cum *ht* : tum *SA* || aliquantulum *AR* : -quantum *S* || efferuescat *S* : -scit *AR* || et fluat *SAR* : et effluat *Warmington* effluat *Hedberg*.

3. curato *S* : -tio *AR* -tum *uett.*, *F.-H.* || seriis *AR* : seris *S* || deferbuerit *S* : -ruuerit A^1 -ruerit A^2R || nolito *S* : -te *AR* || diffundere *AR* : defun- *S* || doliis *AR* : dolis *S* || per uer *S* : uere *AR* || defaecatum *AR* : effae- *S*.

4. cado *SR* : cando *A*.

29 **Comment conserver le moût doux en lui gardant sa saveur.**

Pour que le moût reste toujours aussi doux que dans sa nouveauté, procédez ainsi [1] : avant de placer le marc sous la presse, prenez à la cuve et mettez dans une amphore neuve le tout dernier moût écoulé, bouchez-la et poissez soigneusement, de sorte qu'il ne puisse s'y introduire d'eau ; plongez alors entièrement l'amphore dans une citerne d'eau douce froide, de façon que rien n'en émerge ; ensuite, au bout de quarante jours, retirez-la. Le moût se maintiendra ainsi doux toute une année.

30 **Soins à donner au vin.**

1. A partir du moment où on aura bouché les jarres, jusqu'à l'équinoxe de printemps, il suffit de soigner le vin [1] une fois tous les trente-six jours, et deux fois après l'équinoxe ; mais, si le vin commence à se couvrir de fleurs, il faudra le soigner plus souvent, de peur que la fleur ne gagne et ne gâte le goût. Plus la température sera élevée, plus souvent il convient d'entretenir le vin, de le rafraîchir et de l'aérer, car, aussi longtemps qu'il sera bien frais, il se maintiendra. **2.** Il faudra toujours frotter les bords ou le col des jarres avec des pignes de pin chaque fois qu'on soignera le vin [2].

Remède pour un vin sans force.

Si des vins sont trop durs ou de qualité inférieure, par suite d'un défaut du terroir ou du mauvais temps, prenez

1. C'est le vin que les Grecs appelaient ἀεὶ γλεῦκος « moût perpétuel » (Pline, 14, 83), obtenu par mutage, opération destinée à arrêter la fermentation du moût par une réfrigération suspendant l'activité des levures, qui ne se produit pas au-dessous de 15°. La technique est signalée par Caton, *Agr.* 120 (30 jours). Pline plonge les jarres de moût dès le sortir de la cuve dans l'eau jusqu'au solstice d'hiver et aux gelées (14, 83). Cf. aussi Plut., *Quaest. nat.* 27, et Florentinos, *Géop.* 6, 16, pour qui les jarres doivent être poissées intérieurement et extérieurement. Caton se contentait de poisser le bouchon de liège.

Mustum dulce seruare, ne mutet saporem. **29**

Mustum ut semper dulce tamquam recens permaneat, sic facito : antequam prelo uinacea subiciantur, de lacu quam recentissimum addito mustum in amphoram nouam, eamque oblinito et inpicato diligenter, ne quicquam aquae introire possit ; tunc in piscinam frigidae et dulcis aquae totam amphoram mergito ita ne qua pars extet ; deinde post dies quadraginta eximito. Sic usque in annum dulce permanebit.

Vini curatio. **30**

1. Ab eo tempore quo primum dolia operculaueris, usque ad aequinoctium uernum semel in diebus XXXVI uinum curare satis est, post aequinoctium uernum bis ; aut si uinum florere incipiet, saepius curare oportebit, ne flos eius pessum eat et saporem uitiet. Quanto maior aestus erit, eo saepius conuenit uinum nutriri refrigerarique et uentilari ; nam quandiu bene frigidum erit, tamdiu recte manebit. **2.** Labra uel fauces doliorum semper suffricari nucibus pineis oportebit, quotiens uinum curabitur.

Remedium languentis uini.

Si qua uina erunt duriora aut minus bona, quod agri uitio aut tempestate sit factum, sumito faecem uini boni

29. facito *AR* : facto *S.*

30. semel — uernum *R* : *om. SA* || saporem *AR* : -re *S.*

de la lie d'un bon vin [3], faites-en des boulettes, séchez-les au soleil et faites-les cuire au feu ; puis broyez-les, délayez dans chaque amphore 3 onces de cette substance et bouchez : le vin s'améliorera.

31 Si un animal est tombé et mort dans le moût.

Si un serpent, un rat ou une souris est tombé dans le moût, afin qu'il ne donne au vin une mauvaise odeur, il faut brûler le corps dans l'état où on l'a trouvé, en jeter la cendre refroidie dans le vase où il était tombé et bien mélanger avec un rouable de bois. Cela servira de remède.

32 Vin de marrube.

Beaucoup considèrent le vin de marrube comme utile pour toutes les affections internes et surtout pour la toux [1]. Quand vous vendangerez, cueillez des tiges tendres de marrube, surtout dans les lieux incultes et maigres, et faites-les sécher au soleil ; formez-en ensuite des bottes liées avec une corde de palmier ou de jonc, et placez-les dans une *seria* de façon que le lien surnage. Dans deux cents setiers de moût très doux, mettez huit livres de marrube à fermenter avec le moût ; ôtez ensuite le marrube et bouchez soigneusement le vin après l'avoir clarifié.

3. L'emploi de la lie pour donner du montant aux vins plats est signalé par Pline, 14, 120. Son addition équivaut au tartrage des modernes. Palladius, 11, 4, 5, en usait pour bonifier un mauvais vin. Dans Horace, *Sat.* 2, 4, 55-56, les vins légers de Sorrente étaient corsés avec la lie du Falerne.

1. De là au ch. 38, il sera question de vins médicinaux à base de plantes. — Sur le vin de marrube (*Marrubium vulgare* L.), signalé par Pline, 14, 105, cf. Diosc. 5, 48, qui le dit « bon pour les maladies de poitrine et pour celles que guérit le marrube lui-même ». Dans Diosc., la proportion est de 2 chœnix de marrube (un peu plus de 2 l) pour un métrète (39 l) de moût. Dans Columelle, de 8 livres (2,616 kg) pour 200 setiers (109 l).

et panes facito et in sole arefacito et coquito in igne ; postea terito et pondo quandrante*m* amphoris singulis infriato et oblinito : bonum fiet.

Si quod animal in mustum ceciderit et interierit. **31**

<Si> serpens aut mus sorexue in mustum ceciderit, ne mali odoris uinum faciat, ita ut repertum corpus fuerit, id igne adoleatur cinisque eius in uas quo deciderat frigidus infundatur atque rutabulo ligneo permisceatur. Ea res erit remedio.

Vinum ex marruuio. **32**

Vinum marruuii multi putant ad omnia intestina uitia et maxime ad tussim. Cum uindemiam facies, marruuii caules teneros maxime de locis incultis et macris legito eosque in sole siccato, deinde fasciculos facito et tomice palmea aut iuncea ligato et in seriam mittito, ita ut uinculum extet. In musti dulcis sextarios CC marruuii libras octo adicito, ut simul cum musto deferuescat ; postea eximito marruuium et purgatum uinum diligenter oblinito.

2. et in sole arefacito *ARS*[2] : *om.* *S*[1] || quadrantem *uett.* : -te *codd.* || infriato *S*[1], *Ursinus* : infricato *ARS*[1], *edd.*

31. si *add. Hedberg* : *om. codd.* || uas *S* : uasa *AR* || permisceatur *SR* : -catur *A*.

32. marruuii *SA* : -bii *R* || ad *S*[2]*R* : at *S*[1]*A* || marruuii *Hedberg* : -bii *R* marruuiae *SA* || teneros *R* : -ras *SA* || eosque *SR* : easque *A* || CC *d*[2]*ou*[2] : ducentos *p* tres *AR* tt *S* || marruuii *SA* : -bii *R*.

33 **<Vin de scille>.**

1. Il faut préparer de la manière suivante le vin de scille, digestif et fortifiant, et bon aussi pour la toux invétérée et pour l'estomac [1] : d'abord, quarante jours avant celui fixé pour la vendange, cueillez la scille et coupez-la aussi finement que possible, comme on fait pour la racine de raifort, suspendez les tranches à l'ombre pour les faire sécher ; puis, une fois sèches, ajoutez une livre de scille sèche à quarante-huit setiers de moût d'Aminnée, et laissez-l'y demeurer trente jours ; ôtez-la ensuite et versez le vin purgé de sa lie dans des amphores en bon état. **2.** D'autres prescrivent de mettre une livre et quart de scille sèche dans les quarante-huit setiers de moût, dose que je ne désapprouve pas non plus.

34 **Vinaigre de scille [1].**

On met le poids de scille indiqué ci-dessus dans deux urnes de vinaigre et on l'y laisse demeurer quarante jours, quand on veut faire du vinaigre de scille.

De l'embamma [2].

Dans trois amphores de moût, vous mettez un conge de fort vinaigre, ou le double s'il n'est pas fort ; vous le faites

1. Le bulbe volumineux de la scille (*Urginea maritima* Baker) était très utilisé pour ses propriétés médicinales (diurétique, expectorant, émétique), bien qu'il fût dangereux à dose élevée. Sur le vin de scille, cf. Pline, 14, 106 ; 20, 65 ; Diosc. 5, 18 ; Pallad. 8, 6, 1-2 ; *Géop.* 2, 47, 8.

1. Sur la préparation et les usages du vinaigre de scille, médicament réputé, cf. Pline, 20, 97-98 ; 23, 59 ; Diosc. 5, 17 ; Galien, 11, 377 ; Marcellus, *med.* 12, 27, etc.

<Vinum scilliten> 33

1. Vinum scilliten <ad con>coquendum et ad corpus reficiendum itemque ad ueterem tussim et ad stomachum hoc modo condire oportet : primum ante dies quadraginta quam uoles uinum uindemiare scillam legito eamque secato quam tenuissime, sicut raphani radicem, taleolasque sectas suspende in umbra, ut adsiccentur ; deinde, cum aridae erunt, in musti Aminnei sextarios quadraginta octo scillae aridae adde pondo libram, eamque inesse patere diebus XXX ; postea eximito et defaecatum uinum in amphoras b*o*nas adicito. **2.** Alii scribunt in musti sextarios XLVIII scillae aridae pondo libram et quadrantem adici oportere, quod et ipsum non *im*probo.

Acetum scilliten. 34

Hoc ipsum scillae pondus quod supra in aceti duas urnas adiciunt et per quadraginta dies inesse patiuntur qui scilliticum acetum facere uolunt.

De embam*m*ate

In tres amphoras musti mittis aceti acris congium aut duplum, si non est acre ; et in ollam quae fert amphoras

33. *Rubr. add. Hedberg* || 1. ad concoquendum *Ald.* : coquendum *codd.* || eamque *SR : om. A* || secato S^3R : sica- S^1 sicca- S^2, *om. A* || raphani *R* : rapa- *SA* || sectas *AR* : secatas *S* || suspende *tü* : -dere *SAR* || bonas *ed. pr.* : binas *codd.*
2. XLVIII *S* : XLIX *uel* quadraginta nouem *AR* || ipsum *codd.* : ipse *prop. Langlois* || improbo *Gesner, Schneider, Richter* : probo *codd.*, *Hedberg.*

34. patiuntur *SR* : patiemur *A* || de embammate *Urs.* : *decembambatae S* -te *AR* || acris *R* : acri *SA* || acre *R* : acer. *SA.*

bouillir dans une marmite de la contenance de trois amphores, jusqu'à réduction d'un empan, c'est-à-dire du quart, ou, si le moût n'est pas doux, du tiers ; on écumera ; mais le moût doit être pris sous le pressoir et être limpide[3].

35 Recette du vin d'absinthe et des autres spécialités[1].

Voici la recette du vin d'absinthe, d'hysope, d'aurone, de thym, de fenouil et de pouliot : faites bouillir jusqu'à réduction d'un quart une livre d'absinthe pontique avec quatre setiers de moût ; versez le restant refroidi dans une urne de moût d'Aminnée. Faites de même pour les autres plantes mentionnées ci-dessus. On peut aussi réduire d'un tiers trois livres de pouliot sec dans un conge de moût et, quand le liquide a refroidi, le verser dans une urne de moût après avoir ôté le pouliot. On le donne tout de suite avec succès pendant l'hiver aux personnes qui toussent ; cette espèce de vin s'appelle *glechonitès*.

36 Recette du vin de romarin pour les coliques et tous les flux de ventre.

On appelle moût de taille celui qu'après le premier pressurage du marc, on exprime de la motte retaillée[1]. Versez ce moût dans une amphore neuve et remplissez-la à ras bords. Ajoutez alors des branches de romarin sec liées avec un fil et laissez fermenter ensemble pendant sept

3. *Sub massa* : Richter considère que le texte ainsi transmis n'offre aucun sens et qu'il manque un adjectif devant *et limpidum*. On entendra par *sub massa* que l'on doit recueillir le moût s'écoulant directement sous le marc avant d'être pressé, c'est-à-dire un moût de mèregoutte.

tres decoquis ad palmum, id est ad quartas aut, si non est dulce mustum, ad tertias ; despumatur. Sed mustum desub massa et limpidum sit.

Vinum absinthiten et reliquas notas facere. 35

Vinum absinthiten et hysopiten et abrotoniten et thymiten et marathiten et glechoniten sic condire oportet : Pontici absinthii pondo libram cum musti sextariis quattuor decoque usque ad quartam ; reliquum quod erit, id frigidum adde in musti Aminnei urnam. Idem ex reliquis rebus quae scripta sunt facito. Possunt etiam pulei aridi tres librae cum congio musti ad tertias decoqui et, cum refrixerit liquor, exempto puleio in urnam musti adici. Idque mox tussientibus per hiemem recte datur uocaturque uini nota glechonites.

Ad tormina et omnem alui proluuiem uinum roratum sic facies. 36

Mustum tortiuum est quod post primam pressuram uinaceorum circumciso pede exprimitur. Idque mustum coicies in amphoram nouam et inplebis ad summum. Tum adicies ramulos roris marini aridi lino colligatos patieris una deferuescere per dies septem ;

1. despumatur *SA* : -mabitur *t* -metur *uett.*, *H.-F.*

35. *Rubr.* absinthiten *R* : absentiten *SA* || hysopiten *S* : hiso- *AR* || abrotoniten *S* : habro- *AR* || musti *R* : mustum *SA* || possunt *R* : possint *SA* || glechonites *S* : gleco- *R* gleconies *A*.

36. tormina *h* : -nam *SAR* || idque S^2 : id S^1AR || roris *SR* : rosis *A* || marini aridi *AR* : marin haridi *S* || colligatos et *uett.* : -tos sed *R* -to sed *SA*.

jours, puis enlevez le bouquet de branches et lutez après avoir purifié soigneusement le vin. Il suffira de mettre une livre et demie de romarin dans deux urnes de moût. Au bout de deux mois, on peut employer ce vin comme remède.

37 Recette d'un vin semblable au vin grec pour relâcher le ventre [1].

Cueillez des raisins précoces les plus mûrs possible et laissez-les sécher trois jours au soleil : foulez-les le quatrième, versez dans une *seria* du moût non mélangé de moût de taille et prenez bien soin de le purger de sa lie après la fermentation. Ensuite, le cinquième jour, après avoir purifié le moût, ajoutez deux setiers ou au moins un de sel grillé et tamisé à quarante-huit setiers de moût. Quelques-uns y mêlent aussi un setier de *defrutum*, d'autres même deux, s'ils pensent que la qualité du vin n'est pas suffisamment stable.

38 Vin de myrte.

1. Préparez ainsi le vin de myrte pour les coliques, la diarrhée et les faiblesse d'estomac [1] : il y a deux espèces de myrte, l'un noir, l'autre blanc. On cueille les baies de l'espèce noire lorsqu'elles sont mûres, on en ôte les pépins, on fait sécher les baies épépinées au soleil et on les dépose en lieu sec dans une jarre de terre cuite. **2.** Ensuite,

1. Caton déjà, *Agr.* 24, donne la recette d'un *uinum graecum*, très proche de celle de Columelle, mais sans en indiquer les propriétés : « Le vin grec doit être ainsi fait : choisissez avec soin des raisins d'*apicia* bien mûrs ; quand vous les aurez cueillis, jetez dans un culleus de ce moût 2 quadrantal de vieille eau de mer ou un modius de sel pur que vous suspendrez dans un panier et laisserez fondre dans le moût. Si vous voulez faire du vin d'*heluiola*, mettez une moitié d'*heluiola*, une moitié d'*apicia* et ajoutez le vingtième de vieux *defrutum* » ; v. la note de l'édition R. Goujard de Caton (C.U.F., Paris, Les Belles Lettres, 1975). Avec plus de détails, Palladius, 14, 4, 2-3. — L'expression *uinum graecum* a pris le sens de « vin salé ».

deinde eximes ramulorum fasciculum et purgatum diligenter uinum gypsabis. Sat erit autem roris marini sesquilibram in duas urnas musti adicere. Hoc uino post duos menses possis pro remedio uti.

Vinum Graeco simile facere ad aluum molliendum. 37

Vuas praecoques quam maturissimas legito easque per triduum in sole siccato ; quarto die calcato, et mustum, quod nihil habeat ex tortiuo, coicito in seriam diligenterque curato ut, cum deferbuerit, faeces expurgentur. Deinde quinto die, cum purgaueris mustum, salis cocti et cribrati duos sextarios uel, quod est minimum, adicito unum sextarium in sextarios musti XLVIII. Quidam etiam defruti sextarium miscent, nonnulli etiam duos adiciunt, si existimant uini notam parum esse firmam.

Vinum myrtiten. 38

1. Vinum myrtiten ad tormina et ad alui proluuiem et ad inbecillum stomachum sic facito : duo genera sunt myrti, quorum alterum est nigrum, alterum album. Nigri generis bacae, cum sunt maturae, leguntur, et semina earum eximuntur, atque ipsae sine seminibus in sole siccantur et in fictili fidelia sicco loco reponuntur.

37. *Rubr.* molliendum *S*[2] : malli- *S*[1] molliendam *A* moli- *R* || legito *S* : legibus *A* legi *R* || triduum *AR* : -dum *S* || XLVIII *S* : XLIX *AR* || existimant uini *R* : -mat uino *SA*.

38. *Rubr.* myrtiten *ç* : -tem *A* mirtiten *SR* || 1. myrtiten *hç* : -tem *SA* mirtitem *R* || genera sunt *SA* : sunt genera *R* || est *S*[2]*R* || est *S*[2]*R* : et *S*[1]*A*.

pendant la vendange, on cueille par un chaud soleil des grappes bien mûres de raisin d'Aminnée sur une vieille vigne arbustive ou, à défaut, sur de très anciennes vignes ; on verse le moût qui en provient dans une *seria* et, dès le premier jour, avant la fermentation, on écrase soigneusement les baies de myrte mises de côté et on pèse autant de livres de ces baies écrasées qu'on doit apprêter d'amphores. On prend alors dans la *seria* qu'on doit traiter une petite quantité de moût qu'on saupoudre comme avec de la farine avec les baies réduites en poudre et pesées. On en fait ensuite plusieurs boulettes et on les fait glisser dans le moût le long des parois de la *seria*, de façon qu'elles ne tombent pas l'une sur l'autre. **3.** Puis, quand le moût aura fermenté deux fois et été traité deux fois, on recommence la même opération et on écrase le même poids de baies, comme ci-dessus, mais on n'en forme plus, comme avant, des boulettes ; on prend dans un bassin du moût de la même *seria*, qu'on mélange avec la quantité indiquée plus haut, de façon à obtenir une sorte de jus épais ; le mélange fait, on le verse dans la même *seria* et on agite avec un rouable de bois. **4.** Ensuite, neuf jours après cette opération, on purge le vin, on frotte la *seria* avec un balai de myrte sec et on place au-dessus un couvercle pour que rien n'y tombe. Cela fait, on purge à nouveau le vin sept jours après et on le transvase dans des amphores bien poissées et bien parfumées ; mais il faut avoir soin, quand on le transvase, qu'il soit limpide et sans lie.

2. Deinde per uindemiam ex uetere arbusto uel, si id non est, ex uetustissimis uineis Aminneae bene maturae uuae sole calido leguntur, et ex his mustum adicitur in seriam et statim primo die, antequam id ferueat, bacae myrti quae fuerant repositae diligenter conteruntur et totidem earum librae contusarum appenduntur, quot amphorae condiri debent. Tum exiguum musti sumitur ex ea seria quam medicaturi sumus, et tamquam farina conspargitur quicquid contusum et appensum est. Post hoc complures ex ea massulae fiunt et ita per latera seriae in mustum demittuntur, ne altera offa super alteram perueniat. **3.** Cum deinde bis mustum deferbuerit et bis curatum est, rursus eodem modo et tantundem ponderis bacae, sicut supra, contunditur, nec iam, ut prius, massulae fiunt, sed in labello mustum de eadem seria sumitur, praedicto ponderi permiscetur, sicut sit instar iuris crassi ; quod cum est permixtum, in eandem seriam confunditur et rutabulo ligneo peragitatur. **4.** Deinde post nonum diem quam id factum est, uinum purgatur et scopulis aridae myrti seria suffricatur operculumque superponitur, ne quid eo decidat. Hoc facto, post septimum diem rursus uinum purgatur et in amphoras bene picatas et bene olidas diffunditur ; sed curandum est ut, cum diffundis, liquidum et sine faece diffundas.

2. arbusto *SR* : -tio *A* || id *AR* : *om.* *S* || his *AR* : is *S* || ferueat *SR* : *om.* *A* || quot *R* : quod *SA* || demittuntur *S* : dim- *AR*.
3. deferbuerit *R* : -ruuerit *A* -ruerit *S* || supra *SA* : supra dixi *R* || nec *S* : ne *AR* || permixtum *SR* : perini- *A*.
4. id *AR* : ad id *S* || seria *R* : seriae *S* serie *A* || sed *SR* : et *A* || faece S^2R : -cem S^1A.

Autre procédé.

5. Faites bouillir trois fois du miel attique et écumez-le autant de fois, ou, si vous n'avez pas de miel attique, prenez le meilleur miel possible et écumez-le quatre ou cinq fois, car, moins il est bon, plus il a d'impuretés. Puis, quand le miel aura refroidi, cueillez des baies de myrte blanc les plus mûres possible et écrasez-les sans broyer les pépins à l'intérieur. **6.** Mettez-les dans un petit sac de lin et exprimez-en le suc, dont vous mêlerez six setiers avec un setier de miel cuit ; versez le tout dans un flacon [2] et lutez. C'est au mois de décembre qu'il faudra le faire, époque où les fruits du myrte [3] sont presque toujours mûrs, et on devra veiller à ce qu'avant la récolte des baies, on ait eu, si faire se peut, sept jours, ou au moins trois, d'un ciel serein ou du moins sans pluie ; on prendra soin de ne pas les cueillir couvertes de rosée.

Autre procédé.

7. Beaucoup de gens cueillent les baies de myrte noires ou blanches [4], quand elles sont mûres et, après les avoir étalées et fait sécher un peu deux heures à l'ombre, les écrasent en laissant intacts, autant que possible, les pépins. Ils expriment alors à travers un sachet de lin le suc de ce

2. *in lagunculam* : le texte des §§ 5-6 n'est pas très précis. On ignore la quantité de baies récoltées ; on sait seulement que 6 setiers de suc, avec un setier de miel, i.e. la contenance du flacon, font 3,829 l. Mais la préparation devait-elle être limitée à cette quantité ? D'autant que la recette du § 7 donne le pl. *laguncilis*.

3. Vocabulaire hésitant. *Semina* désigne ici les fruits du myrte, i.e. les baies, que Palladius, 2, 18, rend par *grana* ; mais, aux §§ 1 et 5, il désigne les pépins à l'intérieur du fruit : Columelle précise même au § 5 : *interiora semina*.

4. *nigram uel albam myrti bacam* : le Myrte (*Myrtus communis* L.) à baies noires, et le Myrte blanc (*M. communis* L., var. *leucocarpa* Ten.).

Aliter.

5. Mel Atticum ter inferuere facito et totiens despumato ; uel si Atticum non habueris, quam optimum mel eligito et quater uel quinquies despumato, quoniam, quanto est deterius, tanto plus habet spurcitiae. Cum deinde mel refrixerit, bacas albi generis myrti quam maturissimas legito et perfricato ita ne interiora semina conteras. **6.** Mox fiscello lineo inclusas exprimito, sucumque earum, qui sit sextariorum sex, cum mellis decocti sextario immisceto et in lagunculam diffusum oblinito. Sed hoc mense Decembri fieri debebit, quo fere tempore matura sunt myrti semina, custodiendumque erit ut, antequam bacae legantur, si fieri potest, VII diebus, sin autem, ne minus triduum serenum fuerit aut certe non pluerit ; et ne rorulentae legantur cauendum.

Aliter.

7. Multi nigram uel albam myrti bacam, cum iam maturuit, destringunt et, duabus horis eam cum paululum in umbra expositam siccauerunt, proterunt ita ut, quantum fieri potest, interiora semina integra permaneant. Tum per lineum fiscum, quod protriuerant

5. inferuere *S* : -uuere *A* -buere *R* || quoniam *SA* : cum *R* || tanto est plus *A* || habet *S* : haberet *AR* || interiora S^2AR : -re S^1.

6. lineo *S*, *H.-F.*, *Richter* : ligneo *AR*, *Hedberg* || sextario *R* : -rium *AS* || immisceto *t*, *uett.* : -tur *mbh* miscetur *SA* -to *Richter* || diffusum *SR* : -sam *A* || tempore *SR* : *om.* *A* || custodiendumque *R* : -diundumque *S* -dient dumque *A*.

7. destringunt *t* : -gent S^2AR -get S^1 || proterunt *R* : posterunt S^1A post terunt S^2 || tum *R* : dum *SA* || protriuerant *S* : pertri- *AR*.

qu'ils ont broyé et, après l'avoir clarifié dans une passoire de jonc, ils le renferment dans des flacons bien poissés sans ajouter ni miel ni aucune autre substance. Cette liqueur ne se conserve pas aussi bien, mais, tant qu'elle se maintient sans dommage, elle est meilleure pour la santé que toute autre composition de vin de myrte.

Autre procédé.

8. Il en est qui réduisent au tiers par la cuisson ce suc exprimé, s'ils en ont en quantité et, quand il est refroidi, le renferment dans des flacons poissés ; préparé ainsi, il se conserve plus longtemps ; mais celui qui n'a pas subi de cuisson pourrait aussi durer deux ans sans s'altérer, pourvu qu'il ait été fait proprement et avec soin.

39 Recette du passum.

1. Magon conseille de faire ainsi le meilleur *passum* [1], comme je l'ai fait aussi moi-même : cueillir des grappes bien mûres de raisins précoces ; rejeter les grains moisis ou gâtés ; planter à quatre pieds d'intervalle des fourches ou des piquets pour supporter des cannisses, et les réunir par des perches ; poser alors par-dessus les cannisses, y étaler au soleil les raisins et les couvrir la nuit pour qu'ils ne prennent pas la rosée ; ensuite, quand ils seront desséchés, détacher les grains et les jeter dans une jarre ou une *seria*, y ajouter du meilleur moût de façon à recouvrir les grains ; quand le raisin aura bu le liquide et sera gonflé [2], au bout de six jours, le mettre dans un cabas, le pressurer et recueillir le *passum*.

1. *Passum* : ce vin fait de raisins passerillés (sur l'*uua passa*, cf. chap. 16, n. 2) n'est pas mentionné par Caton. Recettes dans Pline, 14, 81 ; Pallad. 11, 19.

2. Cf. Pline, 14, 82, la recette d'un *passum* soigné : « Après les avoir séchés de la même façon (i.e. au soleil), on égrène les raisins, on les fait tremper sans la rafle dans d'excellent vin jusqu'à ce qu'ils gonflent, on les presse et c'est de tous le *passum* le plus estimé ».

exprimunt et per colum iunceum liquatum sucum lagunculis bene picatis condunt neque melle nec alia re ulla inmixta. Hic liquor non tam est durabilis, sed quamdiu sine noxa manet, utilior est ad ualetudinem quam alterius myrtitis notae compositio.

Aliter.

8. Sunt qui hunc ipsum expressum sucum, si sit eius copiosior facultas, in tertiam partem decoquant et refrigeratum picatis lagunculis condant ; sic confectum diutius permanet ; sed et quod non decoxeris possit innoxium durare biennio, si modo munde et diligenter id feceris.

Passum quemadmodum fiat. **39**

1. Passum optimum sic fieri Mago praecipit, ut et ipse feci : uuam praecoquem bene maturam legere ; acina m*u*cida aut uitiosa reicere ; furcas uel palos qui cannas sustineant inter quaternos pedes figere et perticis iugare ; tum insuper cannas ponere et in sole pandere uuas et noctibus tegere, ne inrorentur ; cum deinde exaruerint, acina decerpere et in dolium aut in seriam coicere ; eodem mustum quam optimum, sicut grana summersa sint, adicere ; ubi conbiberit uua seque impleuerit, sexto die in fiscellam conferre et prelo premere passumque tollere **2.** Postea uinaceos calcare,

7. nec *SA* : neque *R* || inmixta *R* : -te *SA* || quamdiu *ht* : tamdiu *SAR* || noxa *t* : noxia *SAR* || ualetudinem *A* : uali- *SR* || myrtitis *S* : -tetis *R* myrtis *A* || compositio *R* : -tiones *SA*.
8. condant *SA* : -dunt *R* || confectum *S* : -tam *AR* || et *S* : *om. AR* || possit *codd.* : poterit *edd. ante Hedberg.*

39. sic *SR* : si *A* || maturam *SR* : nat- *A* || mucida *Heins.* : maci- *SA* aci- *R* || grana *SR* : -num *A* || conbiberit *codd.* : -rint *uett.* || uua *m* : uuas *SAR* uuae *uett.*

2. Ensuite fouler le marc, après avoir ajouté du moût tout frais provenant d'autres raisins exposés trois jours au soleil [3] ; mélanger alors et mettre sous presse le marc malaxé ; renfermer sans retard ce second *passum* dans des vases lutés, pour qu'il ne prenne pas trop d'âpreté ; puis, vingt jours après, quand il aura fermenté, le clarifier dans d'autres vases, plâtrer immédiatement les couvercles et couvrir d'une peau.

Autre recette.

3. Cueillez du raisin d'apiane [4] bien sain ; dégagez et mettez à part les grains gâtés ; puis suspendez-le sur les perches [5] ; faites que les perches soient toujours au soleil ; quand les grains seront bien ridés, ôtez-les, jetez-les sans la rafle dans une jarre et foulez-les bien au pied ; quand vous en aurez fait une couche, arrosez-la de vin vieux, puis foulez une autre couche par-dessus et arrosez-la aussi de vin ; foulez de la même façon une troisième fois, versez du vin jusqu'à ce qu'il la recouvre et laissez reposer cinq jours, après quoi foulez au pied et pressez les raisins dans un cabas neuf.

Autre recette.

4. Quelques-uns préparent de vieille eau de pluie à cet usage et la réduisent au tiers par la cuisson ; puis, sur des raisins passerillés selon la méthode indiquée [6], on verse cette eau au lieu de vin et on termine l'opération comme ci-dessus. Ce vin, quand on a beaucoup de bois, coûte fort peu et est même, à l'usage, plus doux que les précédentes espèces de *passum*.

3. Indications concernant le *passum* de seconde presse. Pline, 14, 82, en signale un de qualité inférieure, pour lequel on ajoute au marc une quantité d'eau de pluie égale à celle du moût exprimé.

adiecto recentissimo musto, quod ex aliis uuis factum fuerit, quas per triduum insolaueris ; tum permiscere, et subactam brisam prelo subicere ; passumque secundarium statim uasis oblitis includere, ne fiat austerius ; deinde post xx dies, cum deferbuerit, in alia uasa deliquare, et confestim opercula gypsare et pelliculare.

Aliter.

3. Vuam apianam integram legito ; acina corrupta purgato et secernito ; postea in perticis suspendito ; perticae uti semper in sole sint facito ; ubi satis conrugata erunt acina, demito et sine scopionibus in dolium coicito pedibusque bene calcato ; ubi unum tabulatum feceris, uinum uetus inspargito ; postea alterum supercalcato ; item uinum conspargito ; eodem modo tertium calcato et infuso uino ita ut supernatet sinito dies v ; postea pedibus proculcato et in fiscina noua uuas premito.

Alio modo.

4. Quidam aquam caelestem ueterem ad hunc usum praeparant et ad tertias decoquunt ; deinde, cum uuas, sicut supra scriptum est, passas fecerunt, decoctam aquam pro uino adiciunt et cetera similiter administrant. Hoc, ubi lignorum copia est, uilissime constat et est in usu uel dulcius quam superiores notae passi.

2. oblitis *S* : oblinitis *AR* || cum *R* : tum *SA* || deferbuerit *R* : -uuerit *A* deferuerit *S*.
3. erunt *R* : erint *SA* || scopionibus *Urs.* : scip- *codd.* || ut *t* : *om. cett.* || supernatet *SAR* : -tat *jp*.
4. uilissime *t* : utilis- *SAR* || superiores *AR* : -ris *S*.

40 Comment faire d'excellente piquette [1].

Calculez combien la dixième partie du vin fait en un jour représente de métrètes [2] et versez autant de métrètes d'eau douce sur le marc dont on aura exprimé le vin en un jour. Mettez-y les écumes de *defrutum* ou de *sapa* et la lie de la cuve [3], mélangez et laissez cette bouillie macérer toute une nuit. Foulez le lendemain et portez à la presse le mélange obtenu. Mettez ensuite dans des jarres ou des amphores le liquide écoulé et bouchez après la fermentation ; il se conserve mieux dans les amphores. **2.** Marcus Columelle faisait cette même piquette avec de vieille eau et la conservait inaltérée parfois plus de deux ans [4].

41 Recette de très bon vin miellé [1].

Tirez de la cuve sans attendre du vin de mère goutte, c'est-à-dire de celui qui aura coulé avant que le raisin n'ait été trop fortement foulé ; mais faites ce moût avec du raisin de vigne arbustive cueilli par temps sec. Vous verserez dans une urne de moût dix livres d'excellent miel et, après avoir mélangé soigneusement, vous en remplirez un flacon que vous fermerez immédiatement au plâtre et ferez placer à l'étage. Si vous en voulez faire davantage, vous ajouterez du miel dans la même proportion que ci-dessus. Au bout de vingt et un jours, il faudra ouvrir le flacon, décanter le moût dans un autre vase qu'on lutera, et le replacer à la fumée.

1. Varron donne de *lora* une étymologie fondée sur la technique (*R.R.* 1, 54, 3) : *lora, quod lota acina* « lavure de grains de raisin ». C'est le vin de marc, le *deuterias* de Pline, 14, 86 et Diosc. 5, 6, 15. Caton, *Agr.* 25, n'indique aucune quantité.

2. L'emploi de *metreta* (μετρητής) peut faire penser à une recette grecque, mais ce n'est pas le procédé grec mentionné par Pline, 14, 86, dans lequel on ajoute en eau le tiers du moût exprimé et on réduit, après pressurage, au tiers par la cuisson.

Lora optima sic fieri oportet. 40

1. Quantum uini uno die feceris, eius partem decimam, quot metretas efficiat considerato, et totidem metretas aquae dulcis in uinaceos ex quibus unius diei uinum expressum erit addito. Eodem spumas defruti siue sapae et faecem ex lacu confundito et permisceto, eamque intritam macerari una nocte sinito. Postero die pedibus proculcato et sic permixtam prelo subicito. Quod deinde fluxerit, aut doliis aut amphoris condito et, cum deferbuerit, opturato ; commodius autem seruatur in amphoris. **2.** Hanc ipsam loram M. Columella ex aqua uetere faciebat et nonnumquam plus biennio innoxiam seruabat.

Mulsum optimum sic facies. 41

Mustum lixiuum de lacu statim tollito : hoc autem erit quod destillauerit antequam nimium calcetur uua ; sed de arbustiuo genere, quod sicco die legeris, id facito. Conicies in urnam musti mellis optimi pondo x et diligenter permixtum recondes in lagonam eamque protinus gypsabis iubebisque in tabulatum poni. Si plus uolueris facere, pro portione qua supra mel adicies. Post uicensimum et alterum diem lagonam aperire oportebit et in aliud uas mustum eliquatum oblinire atque in fumum reponere.

40. quot *S* : quod *AR* || uinaceos *p* : -ceo *SAR* || doliis *S*[2]*R* : dolis *S*[1]*A* || deferbuerit *AR* : -ruerit *S*.
2. M *R* : macrius *SA* Marcus *Hedberg*.

41. nimium *cd*, *ed. pr.* : minimum *SAR* || id *S*[2]*R* : it *S*[1] idem *A* || lagonam *SA* : -na *j*, *H.-F.* lagena *R* || uicensimum *SA* : uices- *m* uiges- *R* || lagonam *SA* : -na *R* || oblinire *R* : -nare *SA*.

42 **Préparation du remède contre les coliques appelé** διὰ ὀπώρας [1].

1. Dans une marmite neuve de terre ou d'étain, on fait cuire une urne de moût d'Aminnée arbustive, vingt gros coings bien nettoyés, des grenades douces entières qu'on appelle puniques, et des sorbes pas encore très douces, partagées et séparées de leurs graines, environ trois setiers. **2.** On les fait cuire jusqu'à ce que tous les fruits se fondent dans le moût. On chargera un petit serviteur de remuer les fruits avec une spatule de bois ou un roseau, pour les empêcher de brûler. Ensuite, quand ils auront cuit au point qu'il ne reste qu'une petite quantité de jus, on les laisse refroidir et on les passe ; et ce qui est resté dans la passoire est écrasé et réduit en bouillie avec soin, et remis à cuire dans son jus à feu doux sur de la braise pour qu'il ne brûle pas, jusqu'à ce qu'il ait pris la consistance de la lie. **3.** Avant de retirer du feu cette préparation, on ajoute au tout trois hémines de sumac de Syrie broyé et tamisé et on mélange avec une spatule pour l'amalgamer avec le reste ; on met alors la préparation refroidie dans un vase de terre neuf poissé, on le lute au plâtre et on le suspend à une certaine hauteur pour qu'il ne moisisse pas.

43 **Fromage mariné [1].**

Coupez en gros morceaux du fromage de brebis sec de l'année précédente et placez-les dans un vase poissé, puis

1. Remède grec, comme son nom l'indique : διὰ ὀπώρας « composé de fruits », connu aussi sous le nom d'*oporice* (ὀπωρική) : Pline, 24, 129, avec des proportions différentes : *nobile medicamentum, quod oporicen uocant* : « On le prépare pour la dysenterie et les affections de l'estomac en faisant bouillir à feu doux dans un conge de moût blanc 5 coings avec leurs pépins, autant de grenades, 1 setier de sorbes, pareille mesure de sumac de Syrie et 1/2 once de safran. On fait cuire jusqu'à la consistance du miel ». Même recette dans Garg. Mart. 182, 10 sq. On notera que Columelle n'indique pas les emplois de ce médicament.

Compositio medicamenti ad tormina, quod uocatur διὰ ὀπώρας. 42

1. In caccabo fictili nouo uel in stagneo coquitur musti arbustiui Aminnei urna et mala cydonea grandia expurgata XX et integra mala dulcia granata, quae Punica uocantur, et sorua non permitia diuisa exemptis seminibus, quae si*n*t instar sextariorum trium. **2.** Haec ita coquuntur ut omnia poma deliquescant cum musto ; et sit puer qui spatha lignea uel harundine permisceat poma, ne possint aduri. Deinde, cum fuerint decocta, ut non multum iuris supersit, refrigerantur et percolantur, eaque quae in colo subsederunt diligenter contrita leuigantur, et iterum in suo sibi iure lento igni, ne adurantur, carbonibus decoquuntur, donec crassamen in modum faecis existat. **3.** Prius tamen quam de igne medicamentum tollatur, III heminae roris Syriaci contriti et cribrati super omnia adiciuntur et spatha permiscentur, ut coeant cum ceteris ; tum refrigeratum medicamentum adicitur in uas fictile nouum picatum, idque gypsatum alte suspenditur, ne pallorem trahat.

Caseum sic condiemus. 43

Casei aridi ouilli proximi anni frusta ampla facito et picato uaso componito. Tum optimi generis mustum

42. caccabo *SA* : caca- *R* || fictili *S* : figuli *AR* || coquitur *R* : cocitur *SA* coicitur *p*, *Richter* || cydonea *A* : -nia *R* cidonia *S* || sorua *A* : soruua *S* sorba *R* || sint *Ald.* : sit *codd.*

2. spatha S^2 : spathata S^1 sphata *AR* || multum *SR* : -ta *A* || eaque quae *R* : ea quaeque *SA*.

3. tollatur *R* : tollantur *SA* || spatha *uett.* : spathata *S* sphata *AR* || uas S^2 : alias S^1AR aliud uas *Richter* || alte *dt* : alter *SAR*.

43. ouilli *R* : ouili *SA* || frusta *S* : frustra *AR* || uaso *SA* : uase.

remplissez de moût de la meilleure qualité de façon à recouvrir et que le liquide dépasse un peu, car le fromage boit et se gâte si le moût cesse de le couvrir. Vous plâtrerez le vase dès qu'il sera rempli. Puis, vingt jours après, vous pourrez l'ouvrir et l'utiliser pour l'assaisonnement que vous voudrez. Et même tout seul, il n'est pas désagréable.

44 Comment conserver frais un an les raisins.

1. Après avoir coupé sur la vigne des raisins bumastes, duracins ou pourpres [1], enduisez-en sans délai les queues de poix dure ; remplissez ensuite une bassine de terre neuve de balle de blé très sèche et criblée pour éliminer la poussière, et disposer par-dessus les grappes ; recouvrez alors d'une autre bassine et enduisez le tour d'un lut paillé, placez les bassines sur un plancher très sec et recouvrez-les de balle sèche. **2.** Tout raisin peut se conserver sans dommage si on le cueille au décours de la lune, par temps serein, après la quatrième heure, quand il a déjà reçu le soleil et n'est plus humide de rosée ; mais on doit tenir du feu dans le *decumanus* [2] le plus proche pour faire bouillir la poix dans laquelle on doit plonger sans retard les queues des grappes.

Autre procédé.

Dans une jarre bien poissée versez une amphore de *defrutum*, puis coincez en travers une claie de baguettes de

1. Sur la conservation du raisin de table en pot, l'*uua ollaris*, cf. Caton, *Agr.* 7, 2 ; Varron, *R.R.* 1, 58. — *bumastos* (*-tus*), emprunt au gr. βούμασθος, -στος « pis de vache », cépage nommé d'après la forme et la disposition de la grappe, raisin de table (Virg., *G.* 2, 102 ; Pline. 14, 15 ; *Ed. Diocl.* 6, 80, etc.). — *duracina* (*uua*), raisin à chair ferme, connu depuis Caton, *Agr.* 7, 2 ; — *purpurea* : cité comme raisin de table, Virg., *G.* 2, 95 ; Col. 3, 2, 1 ; Pline, 14, 40. Sur ces cépages, v. J. André, *Contribution au vocabulaire de la viticulture*, p. 141-144.

adinpleto, ita ut superueniat et sit ius aliquanto copiosius, quoniam caseus combibit et fit uitiosus, nisi mustum semper supernatet. Vas autem, cum impleueris, statim gypsabis. Deinde post dies xx licet aperias et utaris qua uoles adhibita conditura. Est autem etiam per se non iniocundus.

Vuas, ut sint uirides usque ad annum, sic custodies. 44

1. Vuas bumastos uel duracinas uel purpureas cum desecueris a uite, continuo pediculos earum impicato dura pice ; deinde labellum fictile nouum impleto paleis quam siccissimis cribratis, ut sine puluere sint, et ita uuas superponito ; tum labello altero adoperito et circumlinito luto paleato atque ita in tabulato siccissimo composita labra paleis siccis obruito. **2.** Omnis autem uua sine noxa seruari potest, si luna decrescente et sereno caelo post horam quartam, cum iam insolata est nec roris quicquam habet, uiti detrahatur ; sed ignis in proximo decumano fiat, ut pix ferueat, in qua pediculi uuarum statim demittantur.

Aliter.

In dolium bene picatum defruti amphoram coicito, deinde transuersos fustes spisse artato, ita ut defrutum

43. sit ius *ht*² : siccius *SAR* || quoniam caseus *SA* : cum caseus *R* quam caseus. nam caseus *edd. ab Ald., H.-F.* || *post* supernatet *add.* et *R* et ut *SA* eum *Hedberg* || licet *S* : liceat *AR* || uoles *ct*² : uolet *SAR* || conditure *S*² : -ditur *S*¹*AR*.

44. *Rubr.* custodies *S* : -diemus *AR* || 1. fictile *R* : -lem *SA* || composita *R* : -to a *SA*.
2. cum *S*²*R* : eum *S*¹*A* || decumano *AR* : decim- *S* || demittantur *Sp* : dimi- *AR* || transuersos *S* : -sus *AR* || artato *S* : arato *AR*.

façon qu'elle ne touche pas le *defrutum* ; placez alors par-dessus des plats de terre neufs et disposez sur eux les grappes de façon qu'elles ne se touchent pas ; placez sur les plats des couvercles et lutez-les. Etablissez ensuite semblablement un second lit et un troisième et, autant que le permet la capacité de la jarre, disposez les grappes de la même manière ; puis enduisez largement de *defrutum* le couvercle poissé de la jarre et, après l'avoir placé, fermez avec de la cendre. **3.** Quelques-uns se bornent, après avoir versé le *defrutum*, à établir au-dessus des perches transversales et à y suspendre les grappes de façon qu'elles ne touchent pas le *defrutum*, puis à mettre le couvercle en place et à luter.

Autre procédé.

Certains, après avoir cueilli les grappes ainsi que je l'ai dit plus haut, font sécher au soleil de petites jarres neuves non poissées ; puis, après les avoir refroidies à l'ombre, y mettent du son d'orge, sur quoi ils placent les grappes sans les serrer. Ils répandent alors au-dessus du son de même nature et disposent de la même façon un autre lit de grappes, et ainsi jusqu'à ce que la jarre soit remplie de couches alternées de son et de raisins ; puis ils placent les couvercles, lutent et déposent les raisins sur un plancher très sec et très frais.

Autre procédé.

4. Certains, par un procédé analogue, conservent aussi les grappes fraîches dans la sciure de peuplier ou de sapin [3] ; quelques-uns recouvrent de fleur de gypse sèche

3. Même procédé dans Pline, 15, 67, dans la sciure ou dans les copeaux de sapin, de peuplier ou de frêne ; pour les pommes dans Pallad. 3, 25, 18, sciure de peuplier ou de sapin.

non contingant ; tum superponito fictiles nouas patinas et his sic uuam disponito ut altera alteram non contingat ; tum opercula patinis imponito et linito. Deinde alterum tabulatum et tertium et quamdiu magnitudo patitur dolii similiter superinstruito et eadem ratione uuas componito ; deinde picatum operculum dolii defruto large linito et ita inpositum cinere opturato. **3.** Nonnulli adiecto defruto contenti sunt transuersas perticas artare et ex his uuas ita suspendere ne defrutum contingant, deinde operculum impositum oblinire.

Aliter.

Quidam uuas cum ita ut supra dixi legerunt, doliola noua sine pice in sole siccant ; deinde, cum ea in umbra refrigerauerunt, furfures hordeaceos adiciunt et uuas ita superponunt ut altera alteram non comprimat. Tum generis eiusdem furfures infundunt et alterum tabulatum uuarum eodem modo collocant, idque faciunt usque dum dolium alternis furfuribus et uuis compleant ; mox opercula imposita linunt et uuas siccissimo frigidissimoque tabulato reponunt.

Aliter.

4. Quidam eadem ratione arida populnea uel abiegnia scobe et uirides uuas custodiunt ; nonnulli sicco flore gypsi obruunt uuas, quas non nimium maturas uitibus

2. patinas *r*, *Ald.* : -tenas *SAR* || his *SAR* : in his *Ald.*, *edd.* || patinis *S* : -tenis *AR* || dolii p^2t : dolis *SA* || superinstruito *S* : instruito *AR* || cinere *c* : in cin- *cett.*

3. quidam *SR* : -dem *A* alteram *AR* : -ra *S* || comprimat *S* : -mant *AR* || dum *S* : ad *t*, *om.* *AR*.

4. abiegnia *codd.* : -gnea *Hedberg* -gna *uett.*, *H. F.* || *post* scobe *add.* uirgulis *Richter* || nimium *S* : -mio *AR*.

les grappes prises sur les vignes avant complète maturité. D'autres, après avoir cueilli les grappes, et détaché avec les ciseaux les grains gâtés, les suspendent en cet état dans le grenier à blé, mais ce procédé ride les grains et les rend presque aussi doux que le raisin passerillé [4].

Autre procédé.

5. Marcus Columelle, mon oncle paternel, faisait fabriquer, avec l'argile dont on fait les amphores, des vases larges en forme de plats qu'il faisait copieusement poisser à l'intérieur et à l'extérieur. C'est seulement après ces préparatifs qu'il faisait cueillir des raisins pourprés, des bumastes, des numisiens et des duracins [5] et en plonger sans délai la queue dans la poix bouillante, et les ranger séparément selon leur espèce dans les plats en question, de façon que les grappes ne se touchent pas. **6.** Il faisait ensuite placer les couvercles, les boucher d'une couche épaisse de plâtre, et enfin les poisser de poix dure fondue au feu [6], afin de ne pas laisser filtrer d'humidité. On immergeait ensuite les vases tout entiers dans de l'eau de source ou de citerne, avec un poids placé dessus et sans en laisser rien émerger [7]. C'est une excellente méthode pour conserver le raisin, mais, quand on l'a retiré, il devient acide si on ne le consomme le jour même.

Autre procédé.

7. Cependant il n'est pas de procédé plus sûr que de faire des vases de terre qui puissent recevoir chacun une grappe à l'aise. Ils doivent avoir quatre anses par lesquelles

4. Sur les raisins passerillés, *uua passa*, cf. 39, n. 1.

5. Sur les *bumasti*, les *purpureae* et les *duracinae uuae*, cf. ci-dessus, § 1 et note 1. — La *numisiana uua*, cépage de Terracine, du nom d'un viticulteur, *Numisius*, était appelée *uennucula* en Campanie, ailleurs *surcula* et *scapula*, cf. J.André, *Contribution au vocabulaire de la viticulture*, p. 134.

detraxerunt. Alii cum legerunt uuam, si qua sunt in ea uitiosa grana, forficibus amputant atque ita in horreo suspendunt in quo triticum positum est, sed haec ratio rugosa facit acina et paene tam dulcia quam est uua passa.

Alio modo.

5. Marcus Columella patruus meus ex ea creta qua fiunt amphorae lata uasa in modum patinarum fieri iubebat eaque intrinsecus et exterius crasse picari. Quae cum praeparauerat, tum demum purpureas et bumastos et Numisianas et duracinas uuas legi praecipiebat pediculosque earum sine mora in feruentem picem demitti et in praedictis patinis separatim sui cuiusque generis ita componi, ne uuae inter se contingerent. **6.** Post hoc opercula superponi et oblini crasso gypso, tum demum pice dura, quae igni liquata esset, sic pica*ri*, ne quis umor transire posset. Tota deinde uasa in aqua fontana uel cisternina ponderibus inpositis mergi nec ullam partem eorum pati extare. Sic optime seruatur uua, sed, cum est exempta, nisi eo die consumitur, acescit.

Aliter.

7. Nihil est tamen certius quam uasa fictilia facere, quae singulas uuas laxe recipiant. Ea debent quattuor

5. patinarum *S* : paten- *AR* || eaque *SR* : ea quae *A* || exterius *AR* : extrinsecus *S* || demitti *S* : dim- *AR* || patinis *S* : paten- *AR*.
6. crasso *AR* : grasso *S* || picari *Gesner* : picato *codd.* || posset *edd.* : possit *codd.* || eorum *SA* : earum *R* || uua sed *R* : uuas et *SA*.
7. laxe recipiant *S* : laxare cipiant *A* -re incipiant *R*.

on les attache pour les suspendre à la vigne, et de plus leurs couvercles doivent être constitués de manière à se partager par le milieu, afin que, lorsque ces vases suspendus auront reçu chacun une grappe, les deux parties situées des deux côtés du couvercle se rejoignent et couvrent la grappe. Ces vases et ces couvercles devront être poissés avec soin à l'extérieur et à l'intérieur, puis, après avoir enfermé les grappes, on les recouvre d'une épaisse couche d'argile paillée. Mais les grappes pendant du cep devront être placées dans le pot de façon qu'aucune partie ne touche les parois [8]. **8.** Le moment où il faut les y enfermer est à peu près celui où les grains, par l'effet d'un temps encore sec et serein, sont encore verts [9] et en véraison.

Nous proscrivons absolument de placer au même endroit les pommes et les raisins, ou dans des endroits voisins, d'où l'odeur des pommes puisse atteindre ces derniers, car leur exhalaison gâte rapidement les grains. Cependant les procédés de conservation des fruits que nous avons rapportés ne conviennent pas tous à toutes les régions, mais dépendent des conditions locales et de la nature des raisins.

45 Des raisins en pots.

1. Les Anciens conservaient de préférence en pots les scirpicules, les vennuncules, les grosses Aminnées et les Gaulois, ainsi que les espèces à grains gros, durs et écartés ; mais aujourd'hui, au voisinage de la ville, on

8. Ce procédé est indiqué comme d'origine grecque par Palladius, 12, 12, 2 : *Item Graecis docentibus uuas uel poma in uite aut arbore si diu seruare uolueris : uasculis clausa fictilibus ab ima parte pertusis diligenter a summo tecta suspende* ; cf. *Géop.* 4, 6, 2.

9. *grossus* se dit d'un fruit vert cueilli avant maturité.

ansas habere, quibus inligata uiti dependeant, itemque opercula eorum sic formari ut media diuisa sint, ut, cum suspensa uasa singulas uuas receperint, ex utroque latere a*d*positae operculi duae partes coeant et contegant uuas. Et haec uasa et opercula extrinsecus et intra diligenter picata esse debebunt, deinde, cum contexerunt uuas, luto paleato multo adoperiri. Sed uuae dependentes a matre sic in pultarios condi debebunt ne qua parte uasa contingant. **8.** Tempus autem, quo includi debent, id fere est quo adhuc siccitatibus et sereno caelo grossa uariaque sunt acina.

Illud in totum maxime praecipimus, ne in eodem loco mala et uuae componantur neue in uicino, unde odor malorum possit ad eas peruenire ; nam huiusmodi halitus celeriter acina corrumpunt. Eae tamen custodiendorum pomorum rationes, quas rettulimus, non omnes omnibus regionibus aptae sunt, sed pro condicione locorum et natura uuarum aliae aliis conueniunt.

De ollaribus uuis. **45**

1. Antiqui plerumque scir*p*iculas et uen*n*unculas et maiores Aminneas et Gallicas, quaeque maiores et duri et rari acini erant, uasis condebant ; nunc autem circa

7. dependeant *tū* : -deat *SA* || ut cum *SA* : et cum *R* || adpositae *uett.* : atpo- *SA* appo- *R* || duae t^2 : duaes *S* duas *AR* || uuas *R* : uuam S^2A^2 uiuum A^1 om. S^1 || opercula S^1AR : -lata S^2 || picata *S* : picta *AR* || parte *S* : -tes *AR*.
8. quot t^2, *Ald.* : quod *SAR* || grossa *SAR* : crassa *uett.*, *H.-F.* || uicino *ed. pr.* : -nos *codd.* || eae S^2 : ea S^1 *dubit.* et *AR* || rettulimus *A* : retu- *R* et tu- S^1 settu- S^2.

45. scirpiculas *Hedberg* : scirri- *codd.* || uennunculas *ego* : uenunc- *S* uenucc- *AR*.

préfère surtout pour cet usage les numisianes [1]. On les cueille par temps serein, quand le soleil a déjà fait disparaître la rosée, à la quatrième ou à la cinquième heure, pourvu que la lune soit dans son décroît et sous la terre ; le mieux est qu'ils soient modérément mûrs ; on en poisse sans délai les queues, puis on les dispose sur des claies de façon qu'ils ne se meurtrissent pas entre eux [2]. **2.** On les porte alors à l'intérieur et on enlève avec les ciseaux les grains verts ou gâtés [3] ; quand ils se sont un peu rafraîchis à l'ombre, on les dispose dans des pots par trois ou même par quatre, suivant la contenance des récipients, et on lute soigneusement les couvercles avec de la poix, pour qu'ils ne laissent pas passer l'humidité ; on défait alors une motte de marc bien pressurée et, après avoir un peu séparé les rafles et désagrégé les peaux des grains, on en fait une couche dans un tonneau et on y dispose les pots sens dessus dessous, assez séparés pour qu'on puisse fouler le marc dans les intervalles [4]. **3.** Quand, tassé soigneusement, il a formé un premier étage, on dispose de la même façon d'autres pots et on remplit un second étage ; on établit ensuite tout de même des pots dans les tonneaux et on tasse en foulant, puis on entasse le marc jusqu'aux bords ; on pose sans retard un couvercle et on lute le tonneau avec de la cendre préparée comme du plâtre. Mais on devra avertir celui qui devra acheter les vases de ne pas acheter des pots poreux ou mal cuits, car, dans ces deux cas, l'humidité pénètre et gâte la grappe. Il faudra même, quand on retire les pots pour l'usage, enlever un étage

urbem maxime ad hunc usum Numisianae probantur. Hae sereno caelo, cum iam sol rorem sustulit, quarta uel quinta hora, si modo luna decrescit et sub terris est, modice maturae rectissime leguntur ; statim pediculi earum picantur, deinde in cratibus ita ponuntur, ne altera alteram collidat. **2.** Tum demum sub tectum referuntur et acida uel uitiosa grana forpicibus amputantur et, cum paululum sub umbra refrixerint, ternae aut etiam quaternae pro capacitate uasorum in ollas demittuntur et opercula diligenter pice opturantur, ne umorem transmittant ; tum uinaceorum pes bene prelo expressus proruitur et modice separatis sc*o*pionibus resoluta intrita folliculorum in dolio substernitur et deorsum uersus spectantes ollae componuntur, ita distantes, ut intercalcari possint uinacea. **3.** Quae cum diligenter conspissata primum tabulatum fecerunt, aliae ollae eodem modo componuntur expleturque secundum tabulatum ; deinde similiter doliis extruuntur ollae et spisse incalcantur ; mox usque ad summum labrum uinacea condensantur et statim operculo superposito cinere in modum gypsi temperato dolium linitur. Monendus autem erit qui uasa empturus est ne bibulas aut male coctas ollas emat : nam utraque res transmisso umore uitiat uuam. Quin etiam oportebit, cum ad usum promuntur ollae, tota singula tabulata detrahi ; nam

1. hae *t* : h(a)ec *SAR* || hora *t* : horas *SAR* || rectissime *SA* : lecti- *R* || statim — picantur *S* : *om. AR* || altera *cpt* : alter *SAR*.

2. acida *codd.*, *H.-F.* : arida *uett.* mucida *Schn. coll. 39, 1, Hedberg* || capacitate *tü* capiet- *S* capitate A^2 -tete A^1 || demittuntur *S* : dimittitur *hp* dimittur *A* dimittunt *c* || scopionibus *Urs.* : scip- *codd.* || possint *R* : possunt *SA* || uinacea *R* : uinea- *SA*.

3. expleturque *Ald.* : explentur- *SAR* explentque t^2 || extruuntur *S* : -truntur *A* -trahuntur *R* || uinacea *t* : -ceae *SAR* || umore *SR* : -rem *A* || uitiat S^2 : uitat S^1A inuitat *R*.

entier, car le marc tassé, une fois qu'il a été remué, aigrit rapidement et gâte les raisins.

46 Conserves des mois d'octobre et novembre.

1. Après la vendange se font les conserves des produits de l'automne, qui sont elles aussi du ressort de l'intendante. Je n'ignore pas que n'ont pas été mentionnées dans ce livre beaucoup de choses que Caius Matius [1] a traitées avec le plus grand soin. Il s'était en effet proposé de fournir les tables des citadins et les festins somptueux ; il a publié trois livres qu'il intitula : Le cuisinier, <Le caviste>, Les conserves. Nous nous contentons cependant de choses qui peuvent facilement et sans grands frais convenir à la vie simple des champs.

Comment conserver les grenades fraîches [2].

2. Certains tordent la queue des grenades sur l'arbre, pour empêcher que la pluie les fasse éclater et qu'en se crevassant, elles ne soient perdues, et ils les attachent à des branches plus fortes pour qu'elles restent sans être secouées. Ensuite ils enveloppent l'arbre avec des filets de sparte pour que les corbeaux, les corneilles ou les autres oiseaux n'abîment pas le fruit. Quelques-uns adaptent de petits vases de terre aux grenades qui pendent, et les laissent sur les arbres, enduits d'argile paillée ; d'autres les enveloppent une à une avec du foin ou du chaume, les recouvrent d'un épais enduit d'argile paillée, et les attachent ainsi à des branches plus fortes pour que, comme

conspissata uinacea, si semel mota sunt, celeriter acescunt et uuas corrumpunt.

Conditura mense Octobri et Nouembri. **46**

1. Sequuntur uindemiam rerum autumnalium compositiones, quae et ipsae curam uilicae distendunt ; nec ignoro plurima in hunc librum non esse conlata, quae Caius Matius diligentissime persecutus est. Illi enim propositum fuit urbanas mensas et lauta conuiuia instruere ; libros tres edidit, quos inscripsit nominibus co*qu*i <et cellarii> et salgamari*i*. Nobis tamen abunde sunt ea quae ex facili rusticae simplicitati non magna inpensa possunt contingere.

Mala granata Punica seruare uiridia.

2. Quidam pediculos Punicorum, sicuti sunt in arbore, intorquent, ne pluuiis mala rumpantur et hiantia dispereant, eaque ad maiores ramos religant, ut inmota permaneant. Deinde sparteis retibus arborem cludunt, ne aut coruis aut cornicibus aliisue auibus pomum laceretur. Nonnulli uascula fictilia dependentibus malis aptant et inlita luto paleato arboribus haerere patiuntur ; alii faeno uel culmo singula inuoluunt et insuper luto paleato crasse linunt, atque ita maioribus

3. uinacea *SR* : -ceae *A*.

46. sequuntur *R* : secun- *SA* || in *tü* : *om. SAR* || matius *ü* : mattius *SAR* || est *t* : *om. SAR* || coci (coqui *ego*) et cellarii et *Richter* : coci et *codd.* pistoris coci et *Hedberg* || salgamarii *edd.* : -ri *codd.*

2. arbore intorquent *S* -rem torquent *AR* || eaque *R* : ea quae *SA* || retibus *t*, *Urs.* : resti- *SAR* || malis *tü* : mali *SAR* || crasse *R* : grasse *SA*.

je l'ai dit, le vent ne les secoue pas. **3.** Mais tout ceci, comme je l'ai dit [3], doit se faire par un temps serein et en l'absence de rosée. Toutefois cette opération doit être évitée, car elle est nuisible aux jeunes arbres, ou du moins n'être pas pratiquée plusieurs années de suite, étant donné surtout que ces mêmes fruits peuvent être conservés sans dommage, même détachés de l'arbre : on peut aussi creuser en effet à couvert dans un endroit très sec de petites fosses de trois pieds ; après y avoir déposé un peu de menue terre, on y plante des branches de sureau ; ensuite on cueille par temps serein des grenades avec leur queue, que l'on insère dans ces branches, parce que le sureau est pourvu d'une moelle accessible et si lâche qu'elle reçoit facilement les queues des grenades. **4.** Mais on devra veiller à ce que les fruits ne soient pas à moins de quatre doigts de la terre et ne se touchent pas. On place alors sur la fosse qu'on a ménagée un couvercle qu'on enduit tout autour d'argile paillée, et on amoncèle pardessus la terre enlevée. On peut faire de même aussi dans un tonneau, en mettant soit de la menue terre jusqu'à mi-hauteur, soit, comme certains le préfèrent, du sable de rivière, et en terminant comme ci-dessus.

Autre procédé.

5. Le Carthaginois Magon [4] conseille de faire bien chauffer de l'eau de mer et d'y plonger un moment les grenades au bout d'un fil de lin ou de sparte, jusqu'à ce

3. *ut dixi* : cf. ci-dessus, 45, 1, pour la cueillette des raisins conservés en pots, *sereno caelo cum iam sol rorem sustulit*.

4. Ces emprunts aux procédés de Magon sont attendus, puisque les noms du grenadier (*malus punica*) et de son fruit (*malum punicum*) indiquent que l'arbre est passé d'Asie mineure en Phénicie, puis à Carthage, où les Romains l'ont connu. — Les deux procédés du § 5 sont repris dans Palladius, 4, 10, 7-8, mais sans mention du nom de Magon.

ramis inligant, ne, ut dixi, uento commoueantur. **3.** Sed haec omnia, ut dixi, sereno caelo administrari sine rore debent. Quae tamen aut facienda non sunt, quia laeduntur arbusculae, aut certe non continuis annis usurpanda, praesertim cum liceat etiam detracta arboribus eadem innoxia custodire : nam et sub tecto fossulae tripedaneae siccissimo loco fiunt eoque, cum aliquantulum terrae minutae repositum est, infiguntur sabuci ramuli ; deinde sereno caelo granata leguntur cum suis pediculis <et ramulis> inseruntur, quoniam sabucus tam apertam et laxam medullam habet ut facile malorum pediculos recipiat. **4.** Sed cauere oportebit ne minus quattuor digitis a terra absint et ne inter se poma contingant. Tum factae scrobi operculum inponitur et paleato luto circumlinitur, eaque humus, quae fuerat egesta, superaggeratur. Hoc idem etiam in dolio fieri potest, siue quis uolet resolutam terram usque ad dimidium uas adicere seu, quod quidam malunt, fluuiatilem harenam, ceteraque eadem ratione peragere.

Aliter.

5. Poenus quidem Mago praecipit aquam marinam uehementer calefieri et in ea mala granata, lino uel sparto ligata, paululum demitti, dum decolorentur, et

3. facienda *R* : -do *SA* || innoxia *ed. pr.* : -xiae *S* -xie *AR, Richter* || sub tecto *l* : subiecto *SAR* || fossulae *tü* : possu- *SA* passu- *R* || sabuci *SA* : samb- *R* || leguntur *j* : legan- *SAR* || et ramulis *add. Hedberg* : et sambuco *uett., H.-F.* || malorum *t* : maiorum *SAR*.

4. ne *S* : nec *AR* || a *AR* : ab *S* || humo S^1*AR* : humus S^2, *H.-F. Hedberg* || superaggeratur *S* : -retur *R* -rentur *A* || adicere *Schn.* : adicitur *S* eicitur *AR*.

5. ea *dp* : eo *SAR* || paululum *S* : paulum *AR* || demitti *S* : dim- *AR*.

qu'elles soient décolorées, de les en retirer pour les faire sécher trois jours au soleil, puis de les suspendre dans un endroit frais, et, quand on en aura besoin, de les laisser tremper dans de l'eau douce froide une nuit et le lendemain jusqu'à l'heure de les utiliser. Mais il conseille également d'enduire les grenades fraîches d'une couche épaisse d'argile à potier bien pétrie et, quand la terre a séché, de les suspendre dans un endroit frais ; puis, quand on en aura besoin, de les plonger dans l'eau et de détacher l'argile. Ce procédé conserve le fruit comme s'il était absolument frais. **6.** Magon ordonne encore de mettre au fond d'un pot de terre neuf de la sciure de peuplier ou d'yeuse et de disposer <les grenades> de façon qu'on puisse tasser la sciure entre elles, puis, après avoir fait un premier étage, d'étendre à nouveau de la sciure et de disposer de la même façon les fruits, et ce jusqu'à ce que le pot soit rempli ; une fois rempli, de placer un couvercle et de l'enduire avec soin d'une épaisse couche d'argile. **7.** Tout fruit que l'on garde pour le laisser vieillir doit être cueilli avec sa queue, et même avec son rameau, si on le peut sans dommage pour l'arbre, car cela contribue extrêmement à une longue conservation.

Comment conserver les coings [5].

Beaucoup les détachent de l'arbre avec leur rameau et les font sécher au soleil après les avoir recouverts avec soin d'argile à potier ; par la suite, s'il se produit des crevasses dans l'argile, on les bouche avec du lut et on suspend les fruits une fois secs dans un endroit frais.

5. Les coings ne seront désignés nommément qu'en 47, 1, et tout le développement de 46, 7, se rapporte, chez les autres auteurs, aux *mala* en général, parmi lesquels les coings.

exempta per triduum in sole siccari, postea loco frigido suspendi, et, cum res exegerit, una nocte et postero die usque in eam horam qua fuerit utendum aqua frigida dulci macerari. Sed et idem auctor est creta figulari bene subacta recentia mala crasse inlinire et, cum argilla exaruit, frigido loco suspendere, mox, cum exegerit usus, in aqua demittere et cretam resoluere. Haec ratio tamquam recentissimum pomum custodit. **6.** Idem iubet Mago in urceo nouo fictili substernere scobem populneam uel iligneam et ita disponere ut scobis inter se calcari possit, deinde facto primo tabulato rursus scobem substernere et similiter mala disponere, itaque sic facere donec urceus inpleatur ; qui cum fuerit repletus, operculum inponere et crasso luto diligenter oblinire. **7.** Omne autem pomum quod in uetustatem reponitur cum peciolis suis legendum est, sed, si sine arboris noxa fieri possit, etiam cum ramulis ; nam ea res plurimum ad perennitatem confert.

Mala cydonea quemadmodum seruentur.

Multi cum ramulis suis arbori detrahunt et, creta figulari cum diligenter mala obruerunt, in sole siccant, deinde, si qua rimam creta fecit, luto linunt et adsiccata frigido loco suspendunt.

5. dulci *S* : dulce *AR* || mala *S*²*R* : malla *S*¹*A* || demittere *ü*² : dim- *cett.* || custodit *SA*²*R* : -dire *A*¹*mb.*

6. populneam *t* : -neum *SAR* || iligneam *t* : -gnea *SAR* || scobis *S* : -bes *AR* || itaque sic facere *S* : *om.* *AR* || urceus *R* : urcilus *SA* || repletus *SR* : -pleatus *A.*

7. peciolis *SA* : pediculis *R* || si *S*²*t* : *om.* *S*¹*AR* || arboris *AR* : -riis *S* || *rubr.* mala *A*¹ : malae *SA*²*R* || cydonea *uett.* : -neae *A* -niae *S* || fecit *SA* : facit *R* || adsiccata *S* : -to *AR.*

47 **Autre procédé.**

1. Beaucoup conservent les coings de la même façon que les grenades, dans des fosses ou des tonneaux ; quelques personnes les enveloppent dans des feuilles de figuier [1], puis les enduisent d'argile de potier pétrie avec de l'amurque [2] et, quand l'enduit est sec, les placent sur des tablettes dans un endroit frais et sec. Quelques-uns recouvrent ces mêmes fruits de plâtre sec dans des plats neufs, de telle sorte qu'ils ne se touchent pas les uns les autres.

Autre procédé.

2. Toutefois nous n'avons pas expérimenté de procédé plus sûr ou meilleur que de cueillir, par temps serein, au décours de la lune, des coings très mûrs, sains, non tavelés et, après avoir enlevé le duvet qui les couvre, de les placer dans un récipient neuf à très large ouverture, délicatement et à l'aise pour qu'ils ne puissent se heurter. Quand on en a placé jusqu'à l'ouverture, on les contient avec des baguettes d'osier transversales, de façon à les comprimer un peu et à les empêcher de remonter après avoir reçu le liquide ; on emplira alors jusqu'au bord du miel le meilleur et le plus liquide le récipient de manière à recouvrir le fruit. **3.** Ce procédé non seulement conserve les coings, mais aussi procure une liqueur d'une saveur douce, qui peut être donnée sans inconvénient au repas aux fiévreux ; on l'appelle *melomeli* [3]. Mais il faut éviter de

1. Cf. Pallad. 3, 25, 25, *alii quae maiora sunt (sc. cydonea) fici foliis inuoluta custodiunt*. Les *Géop.* 10, 21, 7 donnent la même recette pour la conserve des pommes : « Envelopper chaque pomme dans des feuilles de figuier sèches, puis l'enduire d'argile blanche humide ». Sur les divers procédés de conserve des coings, cf. *Géop.* 10, 28.

Aliter. **47**

1. Multi eadem ratione qua granata in scrobibus uel doliis seruant cydonea, nonnulli foliis ficulneis inligant, deinde cretam figularem cum amurca subigunt et ea linunt mala quae, cum siccata sunt, in tabulato frigido loco et sicco reponunt. Nonnulli haec eadem in patinas nouas sicco gypso ita obruunt ut altera altera non contingant.

Aliter.

2. Nihil tamen certius aut melius experti sumus quam ut cydonea maturissima integra sine macula et sereno caelo decrescente luna legantur et in lagona noua, quae sit patentissimi oris, detersa lanugine quae malis inest, componantur leuiter et laxe, ne collidi possint. Deinde, cum ad fauces usque fuerint composita, uimineis surculis sic transuersis artentur, ut modice mala comprimant nec patiantur ea, cum acceperunt liquorem, subleuari ; tum quam optimo et liquidissimo melle uas usque ad summum ita repleatur ut pomum summersum sit. **3.** Haec ratio non solum ipsa mala custodit, sed etiam liquorem mulsi saporis praebet, qui sine noxa possit inter cibum dari febricitantibus ; isque uocatur melomeli. Sed cauendum est ne,

47. doliis *R* : dolis *SA* || cydonea *AR* : -nia *S* || subigunt *Ald.* : -iciunt *codd.* || patinas *SR* : -tenas *A* || altera altera *Richter* : altera alteram *S, F.-H. Hedberg* alter alteram *AR* || contingant *SA* : -gat *R, Hedberg.*

2. lagona *SA* : lagena *R* || uimineis *S* : fimi- *AR* || transuersis t^2 : -si *SAR* || comprimant SA^2R : -munt A^1.

3. mulsi *codd.* : -sei *Ald., F.-H., Richter* || cibum d^2 *Schn.* : cibium S^2 ciuium S^1AR || isque *S* : his- *AR.*

prendre des coings verts pour les conserver dans le miel, car s'ils sont cueillis avant maturité, ils durcissent au point d'être inutilisables. **4.** Les partager, comme le font beaucoup [4], avec un couteau d'os et en ôter les pépins, parce qu'ils les croient propres à gâter le fruit, est inutile, comme je viens de l'enseigner [5], au point que, même s'ils renferment un ver, les coings ne s'en gâtent pas davantage, une fois qu'ils ont reçu le liquide susdit ; car la nature du miel est d'arrêter la corruption et de pas la laisser s'étendre ; et c'est pourquoi il conserve intact même un cadavre humain [6] pendant de très nombreuses années.

Des pommes cestianes, orbiculées, mélimèles et matianes.

5. On pourrait aussi conserver dans ce liquide les autres espèces de pommes, comme les orbiculées, les cestianes, les mélimèles et les matianes [7]. Mais, comme il paraît qu'ainsi conservées dans le miel elles deviennent trop douces et perdent leur propre goût, on doit préparer dans ce but des coffres en bois de hêtre ou même de tilleul, semblables à ceux où l'on range les habits de ville, mais un peu plus grands, et les placer dans une resserre très fraîche et très sèche, où ne pénètrent ni la fumée ni les mauvaises odeurs ; on étend une feuille de papier sur laquelle on dispose les fruits en question de manière que l'ombilic soit tourné en haut et la queue en bas, comme ils sont venus sur l'arbre, et qu'ils ne se touchent pas entre eux [8]. **6.** On

4. Cf. Pallad. 3, 25, 25, *Alii canna uel ebore in quattuor partes diuisa* (sc. *cydonia*), *sublatis omnibus quae in medio sunt, in uase fictili melle obruunt*.

5. C'est en fait un enseignement *ex silentio*. Columelle n'a en effet jamais indiqué jusqu'ici que les fruits devaient être épépinés.

6. Apicius, 1, 7, 1, affirme que le miel permet de « garder fraîche à tout moment la viande sans la saler ». Cette technique de conservation de la viande enrobée de miel est employée par les Hindous, qui la gardent ainsi un an, cf. A. Gottschalk, *Histoire de l'alimentation et de la gastronomie*, I, p. 41.

quae in melle custodire uolueris, inmatura mala condantur, quoniam grossa si lecta sunt, ita indurescunt ut usui non sint.

4. Illud uero quod multi faciunt, ut ea diuidant osseo cultro et semina eximant, quod putent ex eis pomum uitiari, superuacuum esse n*unc* docui, adeo quidem ut, etiam si uermiculus inest, non amplius tamen corrumpantur mala, cum praedictum liquorem acceperint ; nam ea mellis est natura ut coerceat uitia nec serpere ea patiatur, qua ex causa etiam exanimum corpus hominis per annos plurimos innoxium conseruat.

De malis Ces<t>ianis, orbiculatis, melimelis, Matianis.

5. Itaque possint etiam alia genera malorum, sicuti orbiculata, Ces*t*iana, melimela, Matiana, hoc liquore custodiri. Sed quia uidentur in melle dulciora fieri sic condita nec proprium saporem conseruare, arculae fagineae uel etiam tiliagineae, quales sunt, in quibus uestimenta forensia conduntur, huic rei paulo ampliores praeparari debent, eaeque tabulato frigidissimo et siccissimo, quo neque fumus neque taeter perueniat odor, conlocantur, deinde charta substrata praedicta poma sic conponi ut flosculi susum, pediculi deorsum spectent, quemadmodum etiam in arbore nata sunt, et ne inter se, alterum ab altero, contingantur. **6.** Item

3. grossa *codd.* : cruda *Ald.* || indurescunt *SA* : -cant *R.*

4. osseo cultro S^2R : osse occulteo S^1A || putent S^2 : potent S^1A potest *fr* || esse *codd.*, *Hedberg* : est *Ald, uett.* || nunc *ed. pr.* : no *S* non *AR* || esse usus nos docuit *Richter.*

5. cestianis *uett.* : cesia- *codd.* || orbiculatis *uett.* : -laeis *codd.* || possint *SA* : possunt *R* || cestiana *Urs.* : c(a)esia- *codd.* || matiana *dtü* : -nas *cett.* || quia *SA* : quae *R* || praeparari *SR* : -pari *A* || eaeque *t* : aeque *SAR* || collocantur *t* : -catur *SAR* || charta *uett.* : cartha *S, om. AR* || poma *dtü* : pomi *SAR.*

veillera de plus à placer séparément chaque espèce dans ses propres coffres, car si des espèces différentes sont enfermées ensemble, elles ne s'accordent pas et se gâtent plus rapidement. C'est la raison pour laquelle aussi le vin de cépages mêlés [9] ne se maintient pas aussi bien que lorsqu'on stocke des vins sans mélange, d'Aminnée, d'apiane ou même de fécinies [10]. Mais, comme je l'ai dit plus haut, lorsque les pommes auront été disposées soigneusement, on devra les recouvrir avec les couvercles des coffres, qu'on lutera d'argile paillée pour que l'air n'y puisse pénétrer.

Autre procédé.

Quelques personnes, comme nous l'avons déjà dit pour d'autres espèces [11], gardent les pommes en remplissant les intervalles de sciure de peuplier, parfois aussi de sapin ; toutefois ces fruits doivent être cueillis avant maturité et encore très verts.

48 **Préparation de l'aunée [1].**

1. Après en avoir arraché la racine au mois d'octobre, quand sa maturité est parfaite, enlevez avec un linge grossier ou même un tissu de crin toute la terre adhérente, puis grattez superficiellement avec un couteau bien affilé, et coupez les racines les plus fortes, selon leur grosseur, en deux tranches ou davantage de la longueur du doigt ; faites-les cuire ensuite modérément dans le vinaigre, dans une petite marmite de cuivre, sans toutefois laisser à demi-

9. *conseminales uineae* : les *miscellae uites* de Pline, 14, 46, ensemble de plants que la communauté de leurs particularités permettait de cultiver en un même vignoble ; cf. Col. 3, 21, 7 ; Pline, 14, 46, et ma *Contribution au vocabulaire*, p. 146-148.

obseruandum est ut unumquodaue genus separatim propriis arculis reponatur ; nanı cum una clausa sunt diuersa genera, inter se discordant et celerius uitiantur. Propter quod etiam conseminalium uinearum non tam est firmum uinum quam si per se sincerum Aminneum uel apianum aut etiam faecin*i*um condideris. Verum, sicut supra dixi, cum diligenter mala fuerint composita, operculis arcularum contegantur et luto paleato linantur opercula, ne introire spiritus possit.

Aliter.

Atque ea ipsa nonnulli, sicut in aliis generibus supra iam diximus, populnea, quidam etiam abiegnia scobe interposita, mala custodiunt ; haec tamen poma non matura, sed acerbissima legi debent.

Inulae curatio. **48**

1. Cum eius radicem mense Octobri, quo maxime matura est, e terra erueris, aspero linteolo uel etiam cilicio detergeto quidquid harenae inhaerebit ; deinde acutissimo cultello summatim eradito et, quae plenior radicula fuerit, pro modo crassitudinis in duas uel plures <partes> digiti longitudine diffindito ; deinde ex aceto modice in caccabulo aeneo coquito ita ne

6. propriis *R* : -rius *SA* || reponatur *R* : -nantur *SA* || una *ed. pr.* : uno *S* bino *A* uino *R* in una *t* || tam *t* : tamen *SAR* || apianum t^2, *Ald* : apria- *SAR* || faecinium *H.-F.* : f(a)ecinum *SAR* || supra dixi *S* : praedixi *AR* || abiegnia *t*, *cf.* 12, 44, 4 : -genea *S* -gena *A* -gna *R* || debent *SR* : debet *A*.

48. radicem *S* : -ce *AR* || quo *t* : quod *SAR* || detergeto *S* : -gito *AR* || partes *ü*^{2}, *Ald.* : *om.* *SAR*.

crues les tranches. Après cela, on les fera sécher trois jours à l'ombre et on les mettra ainsi dans un pot poissé, en ajoutant du *passum* ou du *defrutum* de façon à les en recouvrir, on placera dessus un tampon de sarriette, on fermera le pot et on l'envelopperа d'une peau.

Autre préparation d'aunée crue.

2. Après avoir râclé les racines, emincez-les comme ci-dessus, et laissez-les sécher à l'ombre trois ou même quatre jours, puis mettez-les une fois sèches dans des vases non poissés en alternance avec de l'origan ; versez un liquide composé d'une partie de *sapa* pour six de vinaigre avec une hémine de sel grillé ; faites macérer les tranches dans ce liquide jusqu'à ce qu'elles aient perdu le plus possible de leur amertume. **3.** On les retire ensuite pour les faire sécher une seconde fois à l'ombre pendant cinq jours ; versez alors dans une marmite de la lie d'un vin épais avec autant de lie de vin miellé, si vous en avez, et, pour un quart de ces deux, du bon *defrutum* ; à l'ébullition, ajoutez les tranches d'aunée, retirez aussitôt du feu et remuez avec une spatule de bois jusqu'à complet refroidissement ; transvasez alors dans un pot poissé, mettez un couvercle et enveloppez d'une peau.

Autre conserve d'aunée.

4. Après avoir soigneusement râclé les racines, coupez-les menu et faites-les macérer dans une saumure forte, jusqu'à ce qu'elles perdent leur amertume ; jetez alors la

taleolae semicrudae sint. Post hoc in umbra triduo siccentur et ita in fideliam picatam recondantur, adiecto passo uel defruto quod supernatet, spissamentoque cunelae inposito contectum uas pelliculetur.

Aliter crudam inulam condire.

2. Cum radices eius eraseris, taleolas, ut supra, facito et in umbra triduo uel etiam quatriduo siccato, deinde siccatas in uasis sine pice, interiecta cunela, coicito ; ius infundito, quod eam compositionem habeat ut sex partibus aceti una pars sapae misceatur cum hemina salis cocti ; eo iure macerentur taleolae, donec quam minimum amaritudinis resipiant. **3.** Postea exempta*e* iterum siccentur per dies quinque in umbra ; tum crassamen uini faeculenti nec minus, <si> sit, mulsi et utriusque eorum quartam partem boni defruti confundito in ollam ; quae cum inferbuerit, taleolas inulae adicito et statim ab igne remoueto ac rudicula lignea peragitato, donec perfecte refrigescant ; postea transfundito in fideliam picatam, operculo tegito tumque pelliculato.

Aliter inulam condire.

4. Cum radiculas diligenter eraseris, minute concisas in muria dura macerato, donec amaritudinem dimittant ; deinde effusa muria sorba quam optima et

1. taleolae *wt* : talio *SAR* || semicrudae sint *S* : mitru desint *AR*.
2. inulam *R* : inullam *S*[2] innullam *S*[1]*A* || hemina *SR* : hiem- *A* || iure *SR* : -rem *A*.
3. exemptae *Ald.* : -ta *codd.* || tum *S* : tunc *AR* || crassamen *S* : -mentum *AR* || si *ed. pr.* : *om. codd.* || inferbuerit *R* : -ruuerit *SA* || taleolas *R* : talio- *S* tolio- *A* || rudicula *R* : tudi- *SA* || operculo *SR* : -lam *A*.
4. dimittant *AR* : dem- *S* || sorba *R* : sorua *A* soruua *S*.

saumure ; pilez de très bonnes sorbes très mûres épépinées, que vous mêlerez à l'aunée ; versez alors du *passum* ou du *defrutum* le meilleur possible, et bouchez le récipient.

Autre procédé.

5. Certains, après avoir confit l'aunée et l'avoir fait macérer dans la saumure, la font sécher et y mêlent des coings cuits dans le *defrutum* ou le miel et écrasés ; ils versent par-dessus du *passum* ou du *defrutum*, couvrent et enveloppent de peau.

49 **Conserve des olives [1].**

1. Au mois de septembre ou d'octobre, avant la fin des vendanges, écachez la pausée [2] encore verte ; pressez-la après l'avoir fait macérer peu de temps dans l'eau chaude ; mettez-la dans un pot, mêlée avec un peu de graines de fenouil et de lentisque et de sel grillé, et versez-y du moût tout nouveau ; plongez alors par-dessus une petite botte de fenouil vert de façon qu'elle comprime les olives et que le liquide surnage. L'olive ainsi traitée est bonne à manger le troisième jour.

Autre procédé.

2. Quand vous écacherez la pausée blanche ou l'orchite ou la radiole ou la royale [3], jetez d'abord chacune d'elles

1. L'olive, élément important de la nourriture des campagnes et des pauvres, est le fruit de conserve par excellence, là du moins où l'olivier était cultivé. Elles composaient le gros des rations distribuées au personnel, d'abord les olives tombées, puis celles des olives mûres qui donnaient le moins d'huile (Caton, *Agr.* 58). Aussi les agronomes présentent-ils de nombreux procédés de conservation, dans le vinaigre, l'eau de mer, la saumure, le moût naturel ou cuit, l'huile aromatisée de fenouil, rue, céleri, menthe, etc. Cf. Caton, *Agr.* 117-118, dont Varron, *R.R.* 1, 60 et 66 reprend les deux recettes ; Pline, 15, 16 ; Pallad. 12, 22 (9 recettes) ; *Géop.* 9, 28-33 ; cf. J. André, *L'alimentation*, p. 90-91.

maturissima, semine detracto, contere et cum inula misce ; tum siue passum seu quam optimum defrutum adicito et uas opturato.

Aliter.

5. Quidam cum condiuerunt inulam muriaque macerauerunt, exsiccant et malis cydoneis tritis, quae in defruto uel melle decoxerant, miscent atque ita superfundunt passum uel defrutum et uas operculatum pelliculant.

Oliuarum conditurae. **49**

1. Acerbam pauseam mense Septembri uel Octobri, dum adhuc uindemia est, contunde, et aqua calida paululum maceratam exprime faeniculique seminibus et lentisci cum cocto sale modice permixtam reconde in fideliam et mustum quam recentissimum infunde ; tum fasciculum uiridis faeniculi superpositum merge, ut oliuae premantur et ius superemineat. Sic curata oliua tertio die possis uti.

Aliter.

2. Albam pauseam uel orchitem uel radiolum uel regiam dum contundes, primum quamque, ne decolore-

4. uas S^2t : uuas *cett.*
5. cydoneis $tü^2$: cyto- *cett.* || defruto S^2AR : defrumento S^1.

49. contunde *t* : -dere *SAR* || cocto *R* : cocta *SA* || permixtam *t* : -ta *SAR* -tum *Richter* || fideliam *S* -lium *AR*.

2. albam $tü^2$: aluam *S* albuam *AR* || orchitem *R* : horhadem *SA* || primum *t* : -mam *SAR*.

dans la saumure froide pour les empêcher de se décolorer. Quand vous en aurez préparé assez pour remplir une amphore, placez au fond une petite botte de fenouil sec ; ayez dans un petit pot des graines de fenouil vert et de lentisque défaites et mondées ; retirez alors les olives de la saumure, pressez-les, et mettez-les dans un vase, mélangées aux graines en question. Ensuite, quand elles l'auront rempli jusqu'au col, placez dessus des bouquets de fenouil sec et ajoutez un mélange de deux parties de moût nouveau et d'une de saumure forte. Les olives traitées par ce procédé seront bonnes toute l'année.

Autre procédé.

3. Certains n'écachent pas l'olive, mais l'entaillent avec un roseau tranchant ; ce procédé demande plus de travail, mais est préférable, parce que l'olive ainsi traitée est plus blanche que l'olive écachée qui noircit.

Autre procédé.

D'autres, après avoir soit écaché, soit entaillé [4] les olives, y mêlent un peu de sel grillé et les graines mentionnées ci-dessus, puis versent de la *sapa* ou du *passum* ou, s'ils en ont, de la *mella*. Nous avons indiqué peu avant dans ce livre même comment faire cette *mella* [5]. Pour tout le reste, on procède de la même façon.

4. *Inliserunt* des manuscrits ne diffère pas de *contuderunt*. La correction *insecuerint* adoptée par les éditeurs depuis l'*Aldina* correspond sans doute à *insecant* qui précède, mais *inciderunt* de Richter est plus proche de la leçon manuscrite.

5. Sur la *mella*, obtenue par macération de la cire des rayons dans l'eau de source ou de pluie, puis concentration par cuisson, cf. Col. 12, 11, 1.

tur, in frigidam muriam demerge. Cuius cum tantum paratae habueris quantum satis fuerit implendae amphorae, faeniculi aridi fasciculum substerne in imo ; deinde uiridis faeniculi semina et lentisci destricta et purgata in urceol*o* habeto ; tum exempta*m* de muria oliuam exprimito et permixta*m* praedictis seminibus in uas adicito. Deinde, cum ad fauces peruenerit eius, faeniculi aridi fasciculos superponito et ita recentis musti duas partes et unam durae muriae permixtas adicito. Hac conditura compositis oliuis toto anno commode uteris.

Aliter.

3. Quidam oliuam non contundunt, sed acuta harundine insecant ; idque operosius quidem, sed melius est, quia haec candidior est oliua quam ea quae ex contusione liuorem contrahit.

Aliter.

Alii siue contuderunt siue in*cid*erunt oliuas, modico sale cocto et praedictis seminibus inmiscent, deinde sapam uel passum uel, si est facultas, mella*m* infundunt. Mella autem quomodo fiat paulo ante hoc ipso libro praecepimus. Cetera omnia similiter administrant.

2. muriam *R* : duriam *SA* || urceolo *Ald.* : -la *R* urciola *SA* || exemptam *Ald.* : -ta *codd.* || permixtam *ed. pr.* : -ta *codd.* || recentis *R* : -tes *SA*.

3. acuta *SR* : -tam *A* || operosius *R* : -rasius *S* -riisius *A* || contuderunt *R* : contund- *SA* || inciderunt *Richter* : inliserunt *SA* illis- *R* insecuerint *edd. ab Ald.* || mellam *ed. pr.* : mella *codd.*

Olive blanche à la saumure.

4. Cueillez à la main et triez des olives posiées ou royales les plus blanches et sans taches ; jetez-les dans une amphore sur une couche de fenouil, mêlées à des graines de lentisque et aussi de fenouil et, quand vous aurez rempli le vase jusqu'au col, ajoutez de la saumure forte ; alors, avec un tampon fait de feuilles de roseau, enfoncez les olives de sorte qu'elles restent immergées, et rajoutez de la saumure forte jusqu'au bord de l'amphore. **5.** Cette olive, il est vrai, est fort peu agréable par elle-même, mais elle est très propre aux assaisonnements servis aux tables de luxe, car, quand on en a besoin, on la retire de l'amphore, on l'écache et on lui donne l'assaisonnement souhaité. Mais généralement on hache menu du poireau à couper [6], de la rue avec de l'ache tendre, et de la menthe, qu'on mêle aux olives écachées, avant d'ajouter un peu de vinaigre poivré et un peu plus de miel ou de vin miellé et d'arroser d'huile verte. On recouvre alors d'un bouquet d'ache fraîche.

Autre recette au vin doux.

6. Certains mettent trois hémines de sel dans chaque modius d'olives ainsi cueillies et, après avoir ajouté des graines de lentisque et fait un lit de fenouil, remplissent

6. Le « poireau à couper » (*porrum sectiuum, sectile, sectum, tonsile*) est le poireau vivace ou poireau perpétuel, variété culturale du poireau (*Allium porrum* L.), dont on ne consommait que les feuilles qui repoussaient après avoir été coupées (cf. D. Bois, *Les plantes alimentaires chez tous les peuples et à travers tous les âges*, Paris, Lechevalier, I, 1927, p. 508). Le poireau dont on laissait grossir le bulbe pour l'alimentation était dit *porrum capitatum*.

Oliua alba ex muria.

4. Posias oliuas uel regias sine macula quam candidissimas manu stringito et eligito ; deinde, substrato faeniculo, in amphoram coicito, intermixtis seminibus lentisci nec minus faeniculi, et, cum ad fauces uas repleueris, adicito muriam duram ; tum, spissamento facto de harundinum foliis, oliuam premito ut infra ius mersa sit, et iterum infundito muriam duram, dum ad summum amphorae labrum perueniat. **5.** At haec oliua per se parum iucunda est, sed ad eas condituras quae lautioribus mensis adhibentur idonea maxime est : nam cum res exegit, de amphora promitur et contusa recipit quamcumque uolueris condituram. Plerumque tamen sectiuum porrum et rutam cum apio tenero et mentam minute concidunt et contusis oliuis miscent, deinde exiguum aceti piperati et plusculum mellis aut mulsi adiciunt oleumque uiride inrorant. Atque ita fasciculo apii uiridis contegitur.

Aliter ex dulci.

6. Quidam sic lectae oliuae in modios singulos ternas heminas salis permiscent et, adiectis seminibus lentisci faeniculoque substrato, amphoram usque ad fauces

4. candidissimas *R* : candiss- *SA* || stringito *Hedberg* : tringinto *S* trito *A* tritas *R* destrictas *t, Ald.* || faeniculo S^2 : -culi S^1AR -culi fasciculo *Ald.* || coicito *A* : conicito *R* coito *S* || intermixtis *t* : -ti *S* -tum *AR* || uas *dtph* : uuas *cett.*

5. at *ü* : atque *t* ad *cett.* || exegit S^1AR : exigit S^2, *edd.* || miscent *c* : -ntur *cett.* || plusculum *S* : flosc- *AR* || inrorant *t* : -rantur *cett.*

6. sic *üt* : si *SAR* || singulos *SR* : -las *A* || adiectis *R* : adlec- *SA* || faeniculoque *SR* : foeniculo quae *A*.

d'olives une amphore jusqu'au col ; ils versent ensuite du vinaigre qui ne soit pas très fort, et, quand l'amphore est déjà presque pleine, enfoncent les fruits avec un tampon de fenouil et rajoutent du vinaigre jusqu'à ras bords ; après quoi, le quarantième jour, ils jettent tout le liquide et remplissent l'amphore d'un mélange de trois parties de *sapa* ou de *defrutum* et d'une de vinaigre.

Des conserves d'olives au vin doux.

7. Voici encore un excellent procédé : après avoir fait macérer de la pausée blanche dans la saumure forte, on jette tout le liquide et on remplit l'amphore d'un mélange de deux parties de *defrutum* avec une de vinaigre. On peut aussi confire ainsi la royale ou l'orchite.

Autre recette : colymbades blanches sans vin doux.

8. Quelques personnes mélangent une partie de saumure et deux de vinaigre et font dans ce liquide des colymbades avec des pausées [7] ; si on veut les employer telles quelles, on les trouvera assez agréables, bien qu'elles aussi, au sortir de la saumure, puissent être assaisonnées à volonté.

Des olives foncées.

On cueille les olives pausées avec leurs queues, à la véraison, avant qu'elles deviennent douces et on les conserve dans de l'huile de la meilleure qualité possible.

7. *colymbades*, gr. κολυμβάδες, de κολυμβᾶν « plonger », olives conservées dans la saumure ou l'eau de mer (Pallad. 12, 22, 1 ; Diosc. 1, 105, 4 ; Athén. 133 a ; *Géop.* 9, 33.

replent oliuis ; deinde aceto non acerrimo infundunt et, cum iam paene amphoram inpleuerunt, faeniculi spissamento deprimunt bacam et rursus acetum usque ad summum labrum adiciunt ; postea quadragesimo die omne ius defundunt et sapae uel defruti tres partes cum aceti una permiscent et amphoram replent.

De oliuis ex dulci condiendis.

7. Est et illa probata compositio ut, cum in muria dura pausea alba [ubi] conmaturuerit, omne ius defundatur, et mixtis duabus partibus defruti cum aceti una repleatur amphora. Eadem conditura possit etiam regia componi uel orchita.

Aliter albae colymbades sine dulci.

8. Quidam unam partem muriae et duas aceti miscent eoque iure oliuas poseas colymbadas faciunt, quibus si per se quis uti uelit, satis iucundas experietur, quamuis et hae sic de muria condituram qualemcumque recipere possi*n*t.

De oliuis fuscis.

Oliuae poseae, cum iam decolorantur, antequam mitescant, <cum> peciol*is* leguntur et in oleo quam optimo seruantur ; haec maxime nota etiam post annum

6. defundunt S^2 : defunt S^1 infundunt *tü* -dent *AR* || sapae *St* : s(a)epe *AR*.
7. ubi *codd. secl. uett., Richter* : utique *Hedberg,* || mixtis *SAR* : immixtis *c, uett.* in mixtis *ü*.
8. hae *edd.* : haec *codd.* || sic *codd. secl. edd.* cum exeunt *Ald., uett.* || possint *Ald.* : possit *codd.* || cum petiolis *Hedberg* : petiolae *R* pecio- *SA* cum petiolo *uett.*.

Par ce procédé, plus que par tous les autres, elles offrent même au bout d'un an la saveur des olives vertes. Quelques-uns même les servent comme fraîches, au sortir de l'huile, en les saupoudrant de sel égrugé.

Préparation de l'épityrum.

9. Il existe encore une espèce de conserve pratiquée avant tout dans les villes grecques, et qu'on appelle *épityrum*[8] : on cueille à la main par temps serein l'olive pausée ou l'orchite, dès qu'elles perdent leur blancheur et jaunissent, on les étend pendant un jour à l'ombre sur des cannisses et on enlève les queues, les feuilles ou les rameaux restés adhérents ; le lendemain, on les crible, on les porte au pressoir dans un cabas neuf et on les presse fortement afin d'en extraire jusqu'à la dernière trace d'amurque. **10.** On laisse quelquefois toute une nuit et le lendemain les baies pour ainsi dire se vider sous le poids du pressoir ; alors on les retire, la peau éclatée, et on ajoute à chaque modius d'olives un setier de sel grillé et égrugé ; on y ajoute aussi des graines de lentisque et des feuilles de rue et de fenouil séchées à l'ombre et hachées menu, autant qu'il paraît nécessaire ; on laisse trois heures, le temps aux baies d'absorber tant soit peu le sel ; on verse alors par-dessus de l'huile de bon goût, de manière qu'elle recouvre les olives et on enfonce un bouquet de fenouil sec de façon que le liquide surnage. **11.** Pour cette conserve, on prépare des récipients de terre neufs non poissés, et, pour qu'ils n'absorbent pas l'huile, on les imprègne de gomme liquide, comme les métrètes à huile d'olive[9], et on les fait sécher.

8. L'*epityrum* (gr. ἐπίτυρον « avec le fromage ») serait d'après Varron, *L.L.* 7, 86 une spécialité sicilienne. Pour l'association alimentaire des olives et du fromage, cf. Athénée, 542 f. Caton en avait donné une recette beaucoup plus simple, *Agr.* 119, *ex oleis albis, nigris uariisque nuculeos eicito ; sic condito : concidito ipsas, addito oleum, acetum, coriandrum, cuminum, feniculum, rutam, mentam, in orculam condito ; oleum supra siet.*

repraesentat uiridem saporem oliuarum. Nonnulli etiam, cum de oleo exemerunt, eas trito sale aspersas pro nouis adponunt.

De epityris faciendis.

9. Est et illud conditurae genus, quod in ciuitatibus Graecis plerumque usurpatur, idque uocant epityrum : oliua pausea uel orchi*t*a, cum primum ex albo decoloratur fitque luteola, sereno caelo manu destringitur et in cannis uno die sub umbra expanditur et, si qui adhaerent pediculi foliaque aut surculi, leguntur ; postero die cribratur et nouo fisco inclusa prelo supponitur uehementerque premitur, ut exudet quantulumcumque habet amurcae. **10.** Patimur autem nonnumquam tota nocte et postero die pondere pressam bacam uelut exaniari ; tum, resolutis corticulis, eximimus eam, et in singulos modios oliuae triti salis cocti singulos sextarios infundimus, itemque lentisci semen rutaeque et faeniculi folia sub umbra siccata, quanta satis uidentur, concisa minute admiscemus ; patimurque horis tribus, dum aliquatenus baca salem conbibat ; tum superfundimus boni saporis oleum ita ut obruat oliuam, et faeniculi aridi fasciculum deprimimus, ut ius supernatet. **11.** Huic autem conditurae uasa noua fictilia sine pice praeparantur ; quae ne possint oleum sorbere, tamquam oliuariae metretae imbuuntur liquida cum*mi* et adsiccantur.

8. eas S^2 : as S^1AR.

9. epityrum *mü* : epyty- *SAR* || uel *SA* : *om.* *R* || orchita *ed. pr.* : orchia *SR* chorchia *A* || decoloratur *dü* : -rantur *SAR* || cannis *S* : annis *AR* || qui *S* : quid *AR* || foliaque aut surculi S^2AR : *om.* S^1.

10. exaniari *SA* : examari *R* || quanta *S* : quaeta *A* quae ita *R* || ita ut ius *R* : ut ius *SA*.

11. ne *R* : nec *SA* || possint *tü* : possit *SAR* || cummi *Schn.* : tum *codd.* || assicantur *tü* : at siccatur *S* absi- *AR*.

50 **Conserves d'olives noires.**

1. Viennent ensuite les froids de l'hiver, pendant lesquels la récolte des olives réclame, comme la vendange, les soins de l'intendante. Et d'abord, puisque nous avons déjà commencé, nous donnerons des instructions pour conserver les olives [1], que nous ferons suivre de la fabrication de l'huile.

Préparation des olives noires.

On prépare pour les festins les pausées ou les orchites, et aussi en certaines régions les naevianes [2]. Lorsque donc elles sont déjà noires sans être encore tout à fait mûres, il convient de les cueillir à la main par temps serein, de les cribler après la cueillette et d'écarter celles qui paraîtront tachées, gâtées ou rabougries. **2.** Il faut ensuite ajouter trois hémines de gros sel par modius d'olives [3], les verser dans des paniers d'osier, puis étendre par-dessus une bonne couche de sel qui recouvre les olives, les laisser ressuer quarante jours et évacuer complètement l'amurque ; on les versera ensuite dans un baquet et on enlèvera le sel avec une éponge propre pour qu'il ne pénètre pas ; on les mettra alors dans un récipient et on remplira l'amphore [4] de *sapa* ou de *defrutum* en plaçant au-dessus un tampon de fenouil sec qui enfonce les olives. **3.** Toutefois le plus souvent on mélange trois parties de *defrutum* ou de miel, parfois deux, avec une de vinaigre, et on les confit dans ce liquide.

1. Sur les conserves d'olives chez les agronomes, cf. ci-dessus, chap. 49, n. 1.

2. L'*olea naeuia*, nommée sans doute d'un *Naeuius*, propriétaire ou arboriculteur, n'est connue, sans autre précision, que par Col. 5, 8, 3 et 12, 50, 1. Il existait également des *pira naeuiana* (Col. 5, 10, 18 et 12, 10, 4).

3. C'est-à-dire 0,820 l de sel (3 hémines de 0,273 l) pour 8,732 l d'olives.

Nigrarum oliuarum conditura. **50**

1. Sequitur autem frigus hiemis, per quod oliuitas, sicut uindemia, curam uilicae repetit. Prius itaque, quia iam inchoauimus, de condituris oliuarum praecipiemus, ac statim conficiendi olei rationem subiciemus.

Nigrarum oliuarum compositio.

Paus*e*ae bacae uel orchitae, nonnullis regionibus etiam naeuiae, conuiuiorum epulis praeparantur ; has igitur, cum iam nigruerint nec adhuc tamen permaturae fuerint, sereno caelo destringere manu conuenit lectasque cribrare et secernere quaecumque maculosae, uitiosae minorisue incrementi uidebuntur. **2.** Deinde in singulos modios oliuae salis integri ternas heminas adicere et in uimineos qualos confundere et, superposito copioso sale, ita uti oliuam contegat, XL dies pati consudescere atque omnem amurcam extillare ; postea in alueum diffundere mundaque spongea salem, ne perueniat, detergere ; tum in uas adicere *et* sapa uel defruto amphoram replere, superposito spissamento aridi faeniculi quod oliuam deprimat. **3.** Plerique tamen tres partes defruti aut mellis et unam miscent aceti, aliqui duas partes et unam aceti, et eo condiunt iure.

50. oliuitas *St* : -uetas *A* -ueta *R* || uilicae *S*^{2}*t* : ulic(a)e *S*^{1}*AR* || quia iam *SA* : qui iam *R* quoniam *tü*^{2}, *uett.* || pauseae *ed. pr.* : paus(a)e *codd.* || lectasque *SA* : -taque *R* || *post* maculosae *add.* seu *Ald.*, uel *Richter.*

2. in *S* : *om. AR* || heminas *SA*^{1}*R* : hiem- *A*^{2} || XL *S* : XXX *uel* triginta *AR* || spongea *Hedberg* : sphon- *S* spongia *R* -ga *A* || salem *AR* : sale *S* || et *Ald.* : e *S* de *R*, *om. A.*

3. mellis et *SR* : melli sed *A* || aliqui — aceti *om. S* || eo *F.-H.* : eoque *S* eo quo *AR* eo quoque *Richter* || condiunt *SA* : -dunt *R.*

Autre procédé.

Certains, après avoir cueilli les olives noires, les salent dans la proportion indiquée ci-dessus et les placent dans des paniers, mêlées de graines de lentisque, de manière à disposer alternativement une couche d'olives, puis de sel et à nouveau d'olives, puis encore de sel jusqu'au sommet. Ensuite, quarante jours après, quand les olives ont rendu toute leur amurque, on les verse dans un baquet et, en les criblant, on les sépare des graines de lentisque, on les nettoie à l'éponge pour qu'il ne s'y attache pas de sel ; on les verse alors dans une amphore en ajoutant du *defrutum* ou de la *sapa* ou encore de la *mella*, si on en a en suffisance, et on termine comme ci-dessus.

Olives noires sans vin doux.

4. Pour chaque modius d'olives [5] il faut ajouter un setier de graines mûres de lentisque et trois cyathes de graines de fenouil et, à défaut, du fenouil même, coupé menu en quantité suffisante ; mêler ensuite à chaque modius d'olives trois hémines de sel grillé, mais non égrugé, et placer ensuite le mélange dans des amphores, qu'on bouchera avec des bouquets de fenouil et qu'on roulera à terre tous les jours, puis, tous les trois ou quatre jours, on en évacuera l'amurque ; **5.** au bout de quarante jours, on versera dans un baquet et on séparera seulement les olives

5. Les proportions sont les suivantes : 1 setier de graines de lentisque (0,546 l), 3 cyathes de graines de fenouil (0,136 l) et 3 hémines de gros sel (0,820 l) pour 8,732 l d'olives.

Aliter.

Quidam cum oliuam nigram legerunt, eadem portione qua supra salliunt et sic collocant in qualis, ut, inmixtis seminibus lentisci, alterna tabulata oliuarum et similiter deinde salis, tum iterum oliuarum et similiter supra salis usque in summum compon*a*nt. Deinde post XL dies, cum oliua quicquid habuit amurcae exudauit, in alueum defundunt et iam cribratam separant ab seminibus lentisci spongiaque detergent, ne quid adhaereat salis, tum in amphoram confundunt, adiecto defruto uel sapa uel etiam mella, si est copiosa, ceteraque similiter faciunt.

Oliua nigra sine dulci.

4. In singulos modios oliuae singulos sextarios maturi seminis lentisci et ternos cyathos seminis faeniculi, si id non est, ipsum faeniculum concisum, quantum satis uidebitur, adici oportet ; deinde in singulis modiis oliuarum salis cocti, sed non moliti ternas heminas admisceri et ita in amphoris condi ; easque fasciculis faeniculi obturari et cottidie per terram uolutari, deinde tertio quoque aut quarto die, quidquid amurcae inest, emitti ; **5.** post XL dies in alueum diffundi et a sale tantummodo separari sic ut non spongea detergantur

3. eadem *SA* : eandem *R* || portione *uett.* : -nem *codd.* || componant *uett.* : -nunt *codd.* || habuit *SA* : *om.* *R* || amurcae *uett.* : -rge *t* -rca *AR* -rga *S* || ab *SA* : a *R* || spongiaque *R* : -giamque *A* sphon- *S*.

4. lentisci *qüt* : -tisque *SA* anisi lentiscique *Ald., uett.* || ternos *SA* : -no *R* || modiis A^2R : -dis *S* -dios A^1 || cocti *R* : -tis *SA* || emitti *S* : mitti *AR*.

5. ut *SA* : *om.* *R* || detergantur *t* : -gatur *SAR*.

de leur sel sans les essuyer avec une éponge, mais en les mettant dans une amphore comme on les aura sorties, avec de très gros sel, et on les placera, recouvertes d'un tampon [6], au cellier pour l'usage.

Comment confire l'olive de Cilicie [7].

6. Retirez de la saumure l'olive mûre devenue colymbade par salaison, essuyez-la avec une éponge ; puis ouvrez-la en deux ou trois endroits avec un roseau vert et tenez-la trois jours dans le vinaigre ; le quatrième, essuyez-la avec l'éponge, mettez-la dans un récipient qui sera un pot ou une marmite neuve, sur une couche d'ache et avec un peu de rue coupée menu ; ensuite, sur le vase plein d'olives, versez du *defrutum* jusqu'à ras bords. Mettez dans ce vase des pousses de laurier pour enfoncer les olives ; utilisez au bout de vingt jours.

51 **Recette de la samsa [1].**

1. On cueille l'olive noire très mûre par temps serein, on l'étend à l'ombre sur des cannisses pendant un jour et on écarte tous les fruits gâtés. On ôte aussi les queues qui sont restées et on enlève les feuilles et toutes les petites branches qui y sont mêlées. Le lendemain, on crible soigneusement pour écarter toutes les saletés. Puis on met les olives entières [2] dans un cabas neuf et on les soumet à l'extraction au pressoir une nuit entière. **2.** Le lendemain,

6. *spissamentis* : la matière du tampon n'est pas indiquée ici. Dans le livre 12, il est fait 4 fois de fenouil (7, 4 ; 9, 2 ; 16, 5 ; 49, 6), 1 fois d'origan (48,1), 1 fois de feuilles de roseau (49,4).

7. Seule mention des conserves d'olives de Cilicie avant l'*Edit de Dioclétien*, 6, 89, *olibae Tarsicae*, dont le prix est élevé. Il est peu probable qu'on ait importé des olives mûres de Cilicie pour en faire des conserves à Rome. Il s'agit peut-être seulement, dans Columelle, d'une *recette* cilicienne.

oliuae sed ita, ut erunt exemptae, maximis salis micis in amphoram condantur et, spissamentis inpositis, ad usus in cellam reponantur.

Oliuam Ciliciensem sic condito.

6. Maturam oliuam in sa*lsur*a factam colymbadem de muria tollito, spongea tergeto ; dein canna uiridi scindito duobus uel tribus locis et triduo in aceto habeto, quarto die spongea extergeto, in uas, id est in urceum aut caccabum nouum, mittito, substrato apio et modica ruta concisa. Deinde pleno uase oliuis inmitte defrutum usque ad os ; lauri turiones in hoc uas mittito, ut oliuas deprimant ; post dies XX utere.

Samsa quemadmodum fiat. **51**

1. Oliua nigra maturissima sereno caelo legitur eaque sub umbra uno die in cannis porrigitur, et quaecumque est uitiosa baca separatur. Item si qui adhaeserunt pediculi, adimuntur foliaque et surculi quicumque sunt intermixti eliguntur. Postero die diligenter cribratur, ut si quid inest stercoris, separetur. Deinde integra oliua nouo fisco includitur et prelo subicitur, ut tota nocte exprimatur. **2.** Postero die inicitur quam mundissimis

5. erunt *codd.* : erant *F.-H.* || exemptae *t* : -ta *SAR* || maximis *Hedberg* : -mi *AR* -me *S* massulis *uett., F.-H.* || micis SA^2 : miscis A^1R mixtis *uett., F.-H.* || spissamentis *S* : spissetis *AR*.

6. salsura *Gesn. : statiuam SAR* statuam *mb* statura *uett.* stratura *Schn.* muria *Hedberg* || concisa *ego* : -sae *S* -sis *tü, uett.* concis *A, Hedberg* conchis *F.-H.* || uas *S* : usu *AR*.

51. adhaeserunt *SA* : -rant *R* || et $tü^2$: *om. cett.* || integra *Hedberg* : intra *AR* inter *S* intrita *ed. pr.*

on les jette sous des meules très propres et relevées de façon à ne pas briser les noyaux et, quand on les a réduites en tourteau, on y mélange à la main du sel grillé et égrugé avec d'autres assaisonnements secs, c'est-à-dire carvi, cumin, graines de fenouil, anis d'Egypte. Il suffira d'ajouter autant d'hémines de sel que l'on a de *modii* d'olives et d'arroser d'huile pour les empêcher de se dessécher, ce qu'on devra faire chaque fois qu'on remarquera que cela commence à sécher. **3.** Il est hors de doute que le tourteau d'olives pausées a le meilleur goût, mais ce goût ne dure pas plus de deux mois intact. D'autres espèces paraissent plus propres à cette fin, comme les licinies et les culminées, mais on tient pour la meilleure à cet usage l'olive de Calabre [3], que certains appellent oléastelle en raison de sa ressemblance.

52 De la fabrication de l'huile.

1. Le début du mois de décembre est en général la pleine époque de l'olivaison. En effet, avant ce temps, on fait l'huile amère, qu'on appelle huile d'été, et vers ce mois <de décembre> on presse l'huile verte, puis, plus tard l'huile mûre [1]. Mais il n'est pas de l'intérêt du chef de famille de faire de l'huile amère, parce qu'il s'en écoule peu, sauf s'il est nécessaire de ramasser les fruits tombés à terre par suite de tempêtes pour qu'ils ne soient pas dévorés par les animaux domestiques ou les bêtes sauvages. **2.** Il est par contre très avantageux de faire de l'huile verte, parce qu'elle coule en abondance et que son prix

3. L'*olea licinia* (Col., Pline, 15, 8, etc.) ou *liciniana* (Caton, *Agr.* 6, 2 ; Varron, *R.R.* 1, 24, 2) doit son nom à un *Licinius* inconnu ; même origine anthroponymique sans doute pour l'*olea culminea (colminia*, Varron, R.R. 1, 24, 1 ; *colminiana*, Caton, *Agr.* 6, 1 ; *cominiana*, Pline, 15, 20 ; *cominia*, Pline, 15, 13 ; Pallad. 3, 18, 4) — L'*olea calabrica* ou *sallentina* du territoire des Sallentins en Calabre (Caton, *Agr.* 6, 1 ; Varron, *R.R.* 1, 24, 1 ; Pline, 15, 20) est dite *oleastellus* d'après sa ressemblance avec le fruit de l'*oleaster*, l'olivier sauvage ou oléastre (*Olea europaea*, var. *silvestris*), plus petit que l'olive cultivée.

molis suspensis, ne nucleus frangatur, et, cum est in samsam redacta, tunc sal coctus tritusque manu permiscetur cum ceteris aridis condimentis ; haec sunt autem careum, cyminum, semen faeniculi, anesum Aegyptium. Sat erit autem totidem heminas salis adicere quot sunt modii oliuarum, et oleum superfundere, ne exarescat ; idque fieri debebit quotiensque uidebitur adsiccari. **3.** Nec dubium est quin optimi saporis sit quae ex oliua posia facta est ; ceterum supra duos menses sapor eius non permanet integer. Videntur autem alia genera huic rei magis esse idonea, sicut Liciniae et Culmineae, uerumtamen habetur praecipua in hos usus olea Calabrica, quam quidam propter similitudinem oleastellum uocant.

De oleo conficiendo. 52

1. Media est oliuitas plerumque initium mensis Decembris. Nam et ante hoc tempus acerbum oleum conficitur, quod uocatur aestiuum, et circa hunc mensem uiride premitur, deinde postea maturum. Sed acerbum oleum facere patris familiae rationibus non conducit, quoniam exiguum fluit, nisi si baca tempestatibus in terram decidit et necesse est eam sublegere, ne a domesticis pecudibus ferisue consumatur. **2.** Viridis autem notae conficere uel maxime expedit, quoniam et

2. *pr.* samsa *SR* : -sam *A* || fiat *R* : fiant *SA* || sunt autem *A* : autem sunt *R* sunt *S* || quot *R* : quod *SA* || quotiensque *SA* : -cumque *R*.
3. posia *A²R* : possia *A¹* postea *S* || sicut *SA* : sic *R* || liciniae *SR* : lyci- *A* || habetur *SA* : -bentur *R*.

52. uiride *dtü* : -dem *SA* || si *S* : *om.* *AR* || pecudibus *R* : peculi- *SA*.
2. quoniam *SA* : cum *R*.

double presque le revenu du maître. Mais, si on possède de grandes olivaies, il est nécessaire d'en réserver une partie pour avoir des fruits mûrs. Le lieu où l'on doit faire l'huile a été décrit également dans le premier livre[2] ; je dois toutefois rappeler certains points concernant l'opération, que j'avais omis précédemment.

3. Il est nécessaire d'avoir un plancher où porter les olives, bien que nous ayons pour règle de soumettre sans délai à la meule et au pressoir la récolte quotidienne. Cependant, comme il arrive que le travail des pressureurs ne suffise pas à l'abondance des olives, il faut avoir un grenier surélevé pour recevoir les fruits, qui devra être planchéié comme celui réservé aux grains, et comporter autant de cases qu'en exigera la quantité des olives, pour séparer et mettre à part la cueillette quotidienne. **4.** Le sol de ces cases doit être pavé de pierre ou de briques et avoir une pente suffisante pour que tout le liquide s'écoule rapidement par des rigoles ou des tuyaux, car l'amurque est la grande ennemie de l'huile : elle en gâte le goût si elle reste dans l'olive. C'est pourquoi, quand vous aurez établi les cases comme je l'ai indiqué, placez au-dessus du sol de petites solives distantes entre elles d'un demi-pied, sur lesquelles vous jetterez des cannisses soigneusement tressées serré de manière qu'elles ne laissent pas passer au travers les baies et puissent supporter le poids des olives. **5.** Près de chaque case, au point où s'écoulera l'amurque, à l'arrivée même des tuyaux, il faudra établir une cavité dans le pavement, en manière de petite fosse, ou une rigole

2. En effet, Columelle, 1, 6, 18, a donné de brèves indications sur les pressoirs et les celliers à huile, conseillant l'exposition au midi, mais déconseillant les feux, parce que la fumée et la suie altèrent la saveur de l'huile. Mais Caton, *Agr.* 65, 2, qui recherche la quantité plus que la qualité, recommande de tenir pressoir et cellier le plus chauds possible : *quam calidissimum torcularium et cellam habeto* ; cf. aussi Pallad. 1, 20.

satis fluit et pretio paene duplicat domini reditum. Sed si uasta sunt oliueta, necesse est aliqua pars eorum maturo fructui reseruetur. Locus autem, in quo confici oleum debet, etiam descriptus est priore uolumine ; pauca tamen ad rem pertinentia commemoranda sunt, quae prius omiseram.

3. Tabulatum, quo inferatur olea, necessarium est, quamuis praeceptum habeamus <ut> uniuscuiusque diei fructus molis et prelo statim subiciatur. Verumtamen, quia interdum multitudo bacae torculariorum uincit laborem, [sit laborem] esse oportet pensile horreum, quo inportentur fructus, idque tabulatum simile esse debet granario et habere lacusculos tam multos quam postulabit modus oliuae, ut separetur et seorsum reponatur uniuscuiusque diei coactura. **4.** Horum lacusculorum solum lapide uel tegulis oportet consterni et ita decliue fieri ut celeriter omnis umor per canales aut fistulas defluat ; nam est inimicissima oleo amurca ; quae si remansit in baca, saporem olei corrumpit. Itaque, cum lacus, quemadmodum diximus, extruxeris, asserculos inter se distantes semipedalibus spatiis supra solum ponito et cannas diligenter spisse textas inicito, ita ut ne bacam transmittere queant et oliuae pondus possint sustinere. **5.** Iuxta omnis autem lacusculos ea parte qua defluet amurca sub ipsis fistulis in modum fossularum concauum pauimentum uel

2. olіueta *R* : -to *SA*.
3. inferatur *S* : feratur *AR* || ut *add. Ald., edd. praeter Hedberg* || torculariorum *c* trocla- *AR* rocla- *S* || sit laborem *SA* sic laborem *ü* sit labore *jp, secl. edd. ut dittogr.* || esse *tü* : est *cjp, om. cett.* || inportentur *S* : inperien- *AR* || diei *R* : die *SA*.
4. tegulis SA^2R : -las A^1 || decliue SA^2R : -claue A^1 || oleo amurca A^2R : olea murca SA^1 || textas *S* : testes *AR*.

dans la pierre, où tout ce qui aura coulé sera retenu et pourra être puisé. Il faudra en outre tenir prêts à la maison des cuves ou des tonneaux pour recevoir séparément chaque espèce d'amurque, soit celle qui a coulé naturellement, soit encore celle qu'on a salée, car l'une et l'autre sont propres à de très nombreux usages.

6. Pour la fabrication de l'huile, les meules sont plus utiles que le broyeur, et le broyeur que le système du conduit et du sabot [3]. Les meules sont d'un emploi très facile, parce que, suivant la grosseur des olives, on peut les baisser ou encore les relever, de manière à ne pas briser le noyau, qui gâte la saveur de l'huile. De son côté, le broyeur fait plus de besogne et plus facilement que le conduit et le sabot. **7.** Il y a encore une machine qui ressemble à une herse verticale, et qu'on appelle *tudicula* [4] ; elle fait un bon travail, sauf qu'elle se dérange souvent et se bloque si on y met trop d'olives. Au reste, on fait usage des machines susdites selon les circonstances et les coutumes locales, mais la meilleure est la meule, et ensuite le broyeur.

J'ai jugé nécessaire de commencer par là avant de parler de la fabrication de l'huile. **8.** Venons-en maintenant au sujet lui-même, bien que nous ayons omis beaucoup de choses qu'il faut aussi, comme avant la vendange, préparer avant l'olivaison, telles que du bois en quantité, qu'on doit apporter bien à l'avance pour que les ouvriers, quand ils en auront besoin, ne soient pas détournés de leur tâche, également échelles, corbeilles de dix et de trois modii [5], pour recevoir les olives cueillies, paniers, cordes de chanvre ou de sparte, louches de fer pour puiser l'huile,

4. *tudicula* : cf. *tundere* « frapper, écraser » et *tudes* « marteau, maillet ». La *tribula* (ou *tribulum*), à quoi cet appareil est comparé, est un plateau de bois, dont le dessous était garni de silex pointus ou de dents de fer, chargé de pierres pour l'alourdir, qui servait à dépiquer le blé. Mais *erectae tribulae* fait difficulté, au point que personne n'en a encore imaginé la nature exacte. D'après ses défauts (*uitiatur, impeditur*), il semble s'agir d'une machine articulée.

canalem lapideum esse oportebit, in quo consistat et unde exhauriri possit quidquid defluxerit. Praeterea lacus uel dolia praeparata sub tecto haberi oportebit, quae seorsum recipiant sui cuiusque generis amurcam, siue quae sincera fluxerit, siue etiam quae salem receperit ; nam utraque usibus plurimis idonea est.

6. Oleo autem conficiendo molae utiliores sunt quam trapetum, trapetum quam canalis et solea. Molae quam facillimam patiuntur administrationem, *c*um pro magnitudine bacarum uel summitti uel etiam eleuari possint, ne nucleus, qui saporem olei uitiat, confringatur. Rursus trapetum plus operis faciliusque quam solea et canalis efficit. **7.** Est et organum erectae tribulae simile, quod tudicula uocatur, idque non incommode opus efficit, nisi quod frequenter uitiatur et, si bacae plusculum ingesseris, inpeditur. Pro conditione tamen et regionum consuetudine praedictae machinae exercentur, sed est optima molarum, tum etiam trapeti.

Haec, antequam de oleo conficiendo dissererem, praefari necesse habui. **8.** Nunc ad ipsam rem ueniendum est, quamquam multa omissa sint, quae sicut ante uindemiam, sic et ante oliuitatem praeparanda sunt, tamquam lignorum copia, quae multo ante apportanda est, ne, cum res desiderauerit, opere auocentur, tum scalae, corbulae decemmodiae, trimodiae, satoriae, quibus destricta baca suscipitur, fisci, funes cannabini uel spartei, concae ferreae, quibus depletur oleum, oper-

5. consistat *t* : -tant *cett.* || exhauriri *SR* : exau- *A*.

6. oleo *SA*[2] : oleum *A*[1] ole(a)e *R* || et solea *tp*[2] : est olea *cett.* || cum *H.-F.* : tum *codd.* || confringatur *A*[2]*R* : -catur *SA*[1].

7. plusculum *S* : flus- *AR* || est *S* : et *AR* || *post* molarum *add.* opus est *Schn.*, *F.-H.*

8. tum *tl* : cum *cett.* || suscipitur *tü* : suspici- *SAR* || cannabini *Gesn.* : -uini *S* cannali *R* canna *A* || spartei *t* : -teis *R* isparteis *SA*.

couvercles pour recouvrir les vases à huile, éponges grosses et petites, cruches pour le transport de l'huile, cannisses, nattes pour recevoir les olives, et tous les autres ustensiles dont je ne me souviens pas en ce moment. **9.** On devra avoir de toutes ces choses en surnombre, car à l'usage elles s'abîment et leur nombre diminue ; si l'une vient à manquer au moment d'être employée, le travail sera interrompu. Mais je vais maintenant remplir ma promesse.

Fabrication de l'huile verte.

Lorsque les baies ont commencé la véraison, que quelques-unes sont déjà noires, alors que la majorité est blanche, on devra cueillir les olives à la main, par temps serein, les cribler et les nettoyer sur des nattes ou sur des cannisses qu'on aura étendues ; **10.** quand elles ont été bien nettoyées, on les porte alors sans délai au pressoir, on les dépose entières [6] dans des couffins neufs et on les met sous la presse un petit moment, à la plus forte pression possible [7]. On devra ensuite relâcher la presse, terminer à la meule en ajoutant deux setiers de gros sel par modius, et en exprimer le marc dans des réglettes [8], si c'est l'usage du pays, ou du moins dans des couffins neufs. Le premier écoulement sera reçu dans une bassine ronde, qui vaut mieux qu'une bassine carrée de plomb ou un double bassin maçonné, et le transvaseur le videra et le versera dans des bassines de terre cuite préparées à cet usage. **11.** On aura dans le cellier à l'huile trois séries de bassines, la première pour celle de première qualité, c'est-

6. *integram* : ici et au § 13, « entières », c'est-à-dire sans avoir été préalablement passées au broyeur (*trapetum*).

cula, quibus uasa olearia conteguntur, spongeae maiores et minores, urcei, quibus oleum progeritur, cannae, tegetes, quibus oliua excipitur, et si qua sunt alia, quae nunc memoriam meam fugiunt. **9.** Haec omnia multo plura esse debent, quoniam in usu depereunt et pauciora fiunt ; quorum si quid suo tempore defuerit, opus intermittetur. Sed iam quod pollicitus sum exequar.

De oleo uiridi conficiendo.

Cum primum bacae uariare coeperint et iam quaedam nigrae fuerint, plures tamen albae, sereno caelo manibus destringi oliuam oportebit et, substratis tegetibus aut cannis, cribrari et purgari. **10.** Tum diligenter emundatam protinus in torcular deferri et integram in fiscis nouis includi prelisque subici ut, quantum possit, paulisper exprimatur. Postea resolutis torculis emoli debebunt, adiectis binis sextariis integri salis in singulos modios, et aut regulis, si consuetudo erit regionis, aut certe nouis fiscis samsae exprimi. Quod deinde primum defluxerit in rotundum labrum — nam id melius est quam plumbeum quadratum uel structile gemellar — protinus capulator depleat et in fictilia labra huic usui praeparata defundat.

11. Sint autem in cella olearia tres labrorum ordines, ut unus primae notae, id est primae pressurae, oleum

8. fugiunt *S* : refug- *AR*.
9. defuerit *R* : -rint *SA* || intermittetur *S* : -ttitur *AR* || substratis *pt* : -tractis *SAR*.
10. emundatam *S* : mund- *AR* || torculis emoli *SA* : -lis et moli *R* corticulis et emollitis *Schn.*, *F.-H.*, *Ahrens* || adiectis S^2R : adlec- S^1A || binis S^2R : uinis S^1A || in *t* : *om. cett.* || regulis *S* : -lus *AR* || est *ed. pr.* : sed *codd.* || capulator *Stü*[2] : cop- *cett.*
11. sint *td*[2] : sin *SAR*.

à-dire de premier pressurage, la deuxième pour la seconde, la dernière pour la troisième ; il est en effet très important de ne pas mêler le second pressurage, et encore bien moins le troisième, avec le premier, car l'huile qui s'écoule par une faible pression, comme de mère goutte, a de loin bien meilleur goût. Ensuite, quand l'huile a un peu séjourné dans les premières bassines, le transvaseur devra la clarifier dans d'autres bassines, puis dans d'autres encore jusqu'aux dernières. En effet, plus souvent on l'aère en la transvasant et, pour ainsi dire, on la remue, plus elle devient limpide et se débarrasse de l'amurque. **12.** Il suffira néanmoins de trente bassines dans chaque série, à moins qu'on ne possède de vastes olivaies qui en demandent davantage.

Si le froid a gelé l'huile avec l'amurque, il faudra de toute façon augmenter la quantité de sel grillé ; cela rend l'huile plus fluide et la sépare de tout ce qui l'altère. Il ne faut pas craindre qu'elle devienne trop salée ; car, quelle que soit la quantité de sel ajoutée, l'huile n'en prend nullement le goût. Cependant, même ainsi, l'huile ne devient pas fluide quand surviennent de trop grands froids ; c'est pourquoi on torréfie du nitre et, après l'avoir pulvérisé, on en saupoudre l'huile et on le mélange ; cela dégèle l'amurque.

13. Certains fabricants d'huile, pourtant très méticuleux, ne soumettent pas les olives entières au pressoir, parce qu'ils pensent perdre une certaine quantité d'huile ; en effet, quand elles ont reçu le poids de la presse, ce n'est pas seulement l'amurque qui s'écoule, mais elle entraîne avec elle un peu de matière grasse. Je recommande, du reste, en général de ne laisser pénétrer dans le pressoir ou dans le cellier à l'huile ni fumée ni suie, tant que l'on fait

recipiat, alter secundae, tertius tertiae ; nam plurimum refert non miscere iterationem, multoque minus tertiationem, cum prima pressura, quoniam longe melioris saporis est, quod minore ui preli quasi lixiuum defluxerit. Cum deinde paululum in labris primis constiterit oleum, eliquare id capulator in secunda labra debebit et deinde in sequentia usque ad ultima. Nam quanto saepius translatione ipsa uentilatur et quasi exercetur, tanto fit liquidius et amurca liberatur. **12.** Sat erit autem in singulis ordinibus tricena componi labra, nisi si uasta fuerint oliueta et maiorem numerum desiderauerint.

Quod si frigoribus oleum cum amurca congelabitur, plusculo sale cocto utique utendum erit ; ea res resoluit oleum et separat ab omni uitio. Neque *ue*rendum est ne salsum fiat ; nam quantumcumque adieceris salis, nihilominus saporem non recipit oleum. Solet autem ne sic quidem resolui, cum maiora frigora incesserunt ; itaque nitrum torretur et contritum inspargitur et conmiscetur ; ea res eliquat amurcam.

13. Quidam quamuis diligentes olearii bacam integram prelo non subiciunt, quod existimant aliquid olei deperire ; nam cum preli pondus accepit, non sola exprimitur amurca, sed et aliquid secum pinguedinis attrahit. Illud autem in totum praecipiendum habeo, ut neque fumus neque fuligo, quamdiu uiride oleum conficitur, in torcular admittatur aut in cellam olea-

11. lixiuum *t* : lexi- *SAR* || paululum *AR* : paulum *S* || ultima *t*[1]*ü* : -mam *SAR* -mum *t*[2].

12. si *S* : *om.* *AR* || maiorem *R* : -rum *A* malorum *S* || numerum *AR* : munerum *S* || neque uerendum *ed. pr.* : ne qu(a)erendum *codd.* || sic *R* : si *SA*.

13. secum *S*[2]*R* : sed cum *S*[1]*A* || torcular *R* : troclar *A* trocla *S*.

l'huile verte ; l'une et l'autre sont contraires à l'opération. Les fabricants d'huile les plus expérimentés permettent à peine de la pratiquer à la lueur d'une lampe unique ; c'est pourquoi le pressoir et le cellier à huile doivent être orientés du côté le plus opposé aux vents froids [9], afin qu'on ait recours le moins possible à la chaleur d'un feu.

14. On ne doit pas s'occuper des jarres et des *seriae* dans lesquelles on dépose l'huile seulement au moment où l'état du fruit l'exige ; mais, dès qu'elles auront été vidées par les acheteurs, l'intendante doit veiller sans délai à les nettoyer aussitôt de la lie ou de l'amurque demeurées au fond des vases, et les rincer à plusieurs reprises, avec une lessive qui ne soit pas très chaude, de peur qu'elle leur enlève la cire, puis à les frotter doucement avec la main à l'eau tiède et à les rincer plusieurs fois et à sécher alors toute l'humidité avec une éponge.

15. Il en est qui délayent dans de l'eau de l'argile de potier en une sorte de boue liquide et, après avoir lavé les récipients, les enduisent intérieurement de cette espèce de sauce et laissent sécher ; ensuite, au moment de s'en servir, les uns les rincent à l'eau pure, quelques-uns d'abord à l'amurque, puis à l'eau, et les font sécher ; ils voient alors si les vases ont besoin de nouvelle cire ; car, disaient les anciens, ils devaient être enduits de cire à peu près toutes les six olivaisons. **16.** Je ne comprends pas comment cela se peut faire, car, si les vases neufs chauffés prennent facilement la cire liquide, je ne saurais croire que les vieux, étant imprégnés d'huile, puissent recevoir un enduit de

9. Columelle reprend ici les indications données en 1, 6, 18, sur la température requise dans le pressoir et le cellier à huile et sur leur orientation, Il voulait que ces pièces soient chaudes, parce que « tout liquide se dissout mieux par l'effet de la chaleur » et qu'on évite toutefois de faire du feu, *quoniam fumo et fuligine sapor olei corrumpitur*, et recommandait même qu'on se passe de lampe.

riam ; nam est utraque res inimica huic rei, peritissimique olearii uix patiuntur ad unam lucernam opus fieri, quapropter ad eum statum caeli et torcular et cella olearia constituenda est, qui maxime a frigidis uentis auersus est, ut quam minime uapor ignis desideretur. **14.** Dolia autem et seriae, in quibus oleum reponitur, non tantum eo tempore curanda sunt, cum fructus necessitas cogit, sed ubi fuerint a mercatore uacuata, confestim uilica debet adhibere curam, ut, si quae faeces aut amurcae in fundis uasorum subsederint, statim emundentur et non calidissima lixiua, ne uasa ceram remittant, semel atque iterum eluantur, deinde aqua tepida leuiter manibus defricentur et saepius eluantur, atque ita spongia omnis umor adsiccetur. **15.** Sunt qui cretam figularem in modum liquidae faecis aqua resoluant et, cum uasa lauerint, hoc quasi iure intrinsecus oblinant et patiantur arescere ; postea, cum res exigat, ali*i* pura aqua, nonnulli prius amurca, deinde aqua uasa perluunt et adsiccant ; tum considerant numquid ceram nouam dolia desiderent ; nam fere sexta quaque oliuitate cerari oportere antiqui dixerunt. **16.** Quod fieri posse non intellego ; nam quemadmodum noua uasa, si calefiant, liquidam ceram facile recipiant, sic uetera non crediderim propter olei sucum

13. inimica SA^2R : -ci A^1 || statum S^2AR : stra- S^1 || torcular *cdbm* : troclar *jp* roclar *SA* || ut *S* : *om.* *AR*.

14. amurcae *S* : -rgae *AR* || uasa S^2R : uasam S^1A || eluantur S^2A : eleu- S^1R.

15. aqua *S* : aquam *AR* || uasa *SA* : uas *R* || postea S^2 : potest *cett.* || exigat *SA* : -git *R* (*cf. 2, 8, 4 ; 12, 56, 2*) || alii *Hedberg* : ali *S* tali *AR*, *del. uett.* || eluunt *post* pura *add. uett.*, *F.-H.* || quaque *AR* : quaeque *S*.

16. recipiant *codd.* : -piunt *uett.*, *F.-H.*, *Richter* || crediderim *tü* : -ram *SAR*.

cire. Et d'ailleurs, les agriculteurs de notre époque ont rejeté même l'enduit de cire et pensé qu'il valait mieux badigeonner les jarres neuves de gomme liquide [10] et, une fois secs, les fumiger de cire blanche, pour les préserver de la moisissure ou de la mauvaise odeur. Ils jugent qu'il faut toujours faire cette fumigation quand on prend soin des vases ou neufs ou vieux et qu'on les prépare pour l'huile nouvelle. **17.** Beaucoup, une fois qu'ils ont appliqué un enduit épais de gomme aux jarres ou aux *seriae*, se contentent de ce seul enduit de gomme pour toujours, et avec raison, parce que la poterie, une fois imprégnée d'huile, n'admet plus un second enduit de gomme ; car la graisse de l'huile repousse les substances de la nature de la gomme.

Comment obtenir de l'huile « mûre » de bon goût [11].

Après le mois de décembre, vers les calendes de janvier, on devra cueillir l'olive de la manière indiquée ci-dessus [12], et la pressurer aussitôt, car, si on la dépose sur le plancher, elle s'échauffera rapidement, puisque les pluies d'hiver lui donnent davantage d'amurque, qui est contraire à cette opération. **18.** C'est pourquoi il faut veiller à ne pas obtenir de l'huile commune, ce qu'on ne pourra éviter qu'en écrasant et en pressurant sans délai les fruits apportés des champs, et en procédant pour le reste comme nous l'avons dit [13]. La plupart des agriculteurs ont cru qu'en déposant le fruit à l'abri, la quantité d'huile

10. Cf. 12, 49, 11, pour empêcher les récipients de terre non poissés d'absorber l'huile : *tamquam oliuariae metretae imbuuntur liquido gummi*. Sur les gommes utilisées dans l'antiquité romaine, cf. Pline, 13, 66-67 (mais seulement du point de vue médicinal). Comme enduit, il s'agit essentiellement de la gomme des mimosas (genre *Acacia* Willd), cf. Pline, 13, 63-66, *spina Aegyptia*, qui fournissaient la gomme arabique soluble dans l'eau. Mais il n'est pas exclu que, dans les petites propriétés, on ait employé des gommes locales, d'amandier et de cerisier.

11. *oleum maturum* : l'huile faite avec les olives mûres.

ceraturam pati. Quam tamen et ipsam ceraturam nostrorum temporum agricolae repudiauerunt existimaueruntque satius esse noua dolia liquida cummi perluere siccataque subfumigare alba cera, ne pallorem aut malum odorem capiant. Eamque suffitionem semper faciendam iudicant, quotiensque uel noua uel uetera uasa curantur <et> oleo nouo praeparantur. **17.** Multi cum semel noua dolia uel serias crasse cummi linierunt, una in perpetuum cummitione contenti sunt ; et sane, quae semel oleum testa conbibit, *i*am alteram cummitionem non recipit ; respuit enim olei pinguitudo talem materiam qualis est cummis.

Oleum maturum quemadmodum boni fiat saporis.

Post mensem Decembrem circa Kalendas Ianuarias eadem ratione qua superius destringenda erit olea et statim exprimenda ; nam si reposita in tabulatum fuerit, celeriter concalescet, quoniam hiemalibus pluuiis amurcae plus concipit, quae est contraria huic rei. **18.** Cauendum est itaque ne fiat olĕum cibarium, quod uno modo uitari poterit, si protinus inlata de agro baca conmolita et expressa ce*te*raque sic administrata fueri*n*t, ut supra diximus. Plerique agricolarum crediderunt, si sub tecto baca deponatur, oleum in tabulato

16. cummi S^1A^1 : gummi S^2A^2R || aut malum odorem *S* : *om. AR* || suffitionem *A* : -cionem *S* suffumigationem *tü* || et *Ald.* : *om. codd.* || oleo nouo *S* : olea noua *AR*.

17. cummi SA^1 : gummi A^2R || linierunt *t* : lientur *SA* linentur h^2b^2 linitur *r* || cummitione : gummi- *codd.* || conbibit iam *dl* : -bitam *SAR* || cummitionem A^1 : commi- *S* gommi- *h* gum(m)i *R* || cummis S^1A^1 : cummi S^2A^2R || pluuiis *tü* : fluuiis *a* fluuis *S* || amurcae S^1 : -rgae S^2AR.

18. ceteraque *Pont.* cera quae *codd.*

augmentait sur le plancher ; c'est aussi faux que de croire que les céréales croissent sur l'aire. C'est une vieille erreur que Porcius Caton réfute ainsi [14] : **19.** « Sur le plancher, dit-il, l'olive se ride et diminue de volume ; c'est pour cela que le paysan, quand il a rentré à l'abri la mesure d'une pressée et qu'il veut la porter à la meule plusieurs jours après, oubliant la quantité apportée, complète ce qui manque à celle-ci en prenant dans un autre tas, également mis à part ; et de ce fait, les olives anciennes semblent rendre plus que les fraîches, alors qu'il a employé à cela beaucoup plus de *modii.* » **20.** D'ailleurs, quand ce serait tout à fait exact, on n'en retire pas moins plus d'argent de l'huile verte par suite du prix que d'une grande quantité de mauvaise huile. Caton ajoute encore [15] : « On n'augmente pas ainsi le poids ou la quantité de l'huile, si l'on veut bien prendre en compte la part d'olives ajoutée à la pressée. Aussi ne devons-nous pas hésiter à écraser et à pressurer l'olive dès qu'elle a été cueillie ».

Fabrication de l'huile ordinaire.

21. Je n'ignore pas qu'il faut aussi faire de l'huile ordinaire ; en effet, quand tombent les olives véreuses ou quand les tempêtes et les pluies les jettent dans la boue, on a recours à l'eau chaude ; on doit faire chauffer un

14. Le texte de Caton ne nous est pas parvenu. Il ne fait pas partie du *De agricultura*, où figure seulement (chap. 64) un bref développement sur l'avantage de procéder sans délai à l'extraction : « Moins vous attendrez pour la faire, plus ce sera avantageux, et pour un même nombre de *modii* d'olives récolté, on aura plus d'huile et meilleure ».

15. Ce texte ne figure pas non plus dans le *De agricultura*.

crescere, quod tam falsum est quam in area frumenta grandescere. Idque mendacium uetus ille Porcius Cato sic refellit. **19.** Ait enim in tabulato conrugari oliuam minoremque fieri ; propter quod, cum facti unius mensuram rusticus sub tecto reposuerit et post multos dies eam molere uoluerit, oblitus prioris mensurae quam intulerat, ex alio aceruo similiter seposito quantumcumque mensurae defuit supplet ; eoque facto uide*n*tur plus *r*equietae quam recent*e*s bacae reddere, cum longe plures modios acceperit. **20.** Attamen, ut maxime id uerum esset, nihilominus ex pretio uiridis olei plus quam multitudine mali nummorum contrahitur. Sed et Cato dicit : *Nec* sic quidem quicquam ponderis aut mensurae oleo accedit, si portionem uelis in factum adiectae bacae conputare. Quapropter dubitare non debemus lectam oliuam primo quoque tempore conmolere preloque subicere.

De cibario oleo conficiendo.

21. Nec ignoro etiam cibarium oleum esse faciendum ; nam ubi uel exesa uermiculis oliua decidit, uel tempestatibus et pluuiis in lutum defluxit, ad praesidium aquae calidae decurritur, aenumque calefieri

18. fuerint *Pont.* : -rit *codd.* || grandescere *S* : crescere *AR*.

19. quod *R* : quo *SA* || oblitus *t*[2] : -tis *SA* -ti *R* || prioris *A*[2]*R* : -res *SA*[1] || alio *S*[2]*tü* : alo *S*[1]*AR* || aceruo *SR* : ceruo *A* || quantumcumque *cü* : -tumque *SAR* || uidentur *Heins.* : -detur *codd.* || requietae *Schn.* : sequietae *S* esse quietae *AR* semiuietae *Heins.* || recentes *Heins.* : -tis *codd.*

20. esset *tü* : esse *SAR* || nihilominus *ä* : nihil minus *SAR* || multitudine mali *ü*[2], *Ald.* : -nem alii *SAR* || nec *Pont.* : et *codd.* || quicquam *R* : quiquam *SA* || *post* computare *add.* non prouentum sed detrimentum senties *Ald.*, *F.-H.*

21. uel *S* : *om.* *AR* || exesa *S*[2]*A*[2]*R* : exsesa *S*[1]*A*[1] || (a)enumque *SA*[1] : ahenum- *A*[2]*R*.

chaudron pour laver les fruits sales ; cependant il ne faudra pas le faire à l'eau bouillante, mais à l'eau tiède, afin que l'huile ait meilleur goût, car en cas d'ébullition elle contracte aussi celui des vers et des autres impuretés [16]. Une fois l'olive lavée, on procédera pour le reste comme nous l'avons indiqué ci-dessus. **22.** Il ne faudra pas presser dans les mêmes cabas l'huile de première qualité et l'huile ordinaire ; on devra réserver les vieux cabas aux olives tombées et les neufs à l'huile ordinaire et, à chaque pressée, on devra sans délai les laver deux ou trois fois à l'eau bouillante ; ensuite, si on dispose d'une eau courante, on les y plongera en plaçant dessus des pierres dont le poids les retienne ; ou bien, si l'on n'a pas de rivière, on les fera tremper dans une cuve ou une citerne d'eau très pure, puis on les battra de verges pour faire tomber les saletés et les lies, on les relavera et on les fera sécher.

53 Préparation de l'huile au moût [1].

1. Quoique la préparation de l'huile au moût n'appartienne pas à cette époque de l'année, je l'ai réservée à cette partie de mon livre, de peur qu'elle ne paraisse vraiment déplacée parmi les recettes pour le vin. On doit procéder de la façon suivante : il faut préparer un vase à huile aussi grand que possible, neuf ou au moins bien solide, puis, pendant la vendange, y mélanger soixante setiers du moût de la meilleure qualité et le plus nouveau avec quatre-vingts livres d'huile [2] ; placer ensuite dans un sachet de jonc ou de lin des aromates non tamisés, pas même

16. On imagina pourtant de laver les olives à l'eau bouillante avant de les presser légèrement pour exprimer l'amurque et de les passer au broyeur, cf. Pline, 15, 23.

1. *Gleucinum*, du gr. γλεύκινος, dérivé de γλεῦκος « moût, vin doux ». La technique est grecque. Pline, 15, 29, donne deux recettes de *gleucinum* : « On cuit du moût <dans l'huile> à feu doux ; d'autres, sans chauffer, entourent le vase de marc de raisin pendant 21 jours en brassant 2 fois par jour, et l'huile absorbe le moût » ; Diosc. 1, 57.

2. C'est-à-dire 32,82 l de moût et 26,196 kg d'huile.

debet, ut immundae bacae eluantur ; sed id non feruentissima fieri oportet, uerum modice calida, quo commodior gustus olei fiat : nam si excoctus est, etiam uermiculorum ceterarumque immunditiarum saporem trahit. Sed cum fuerit oliua elota, reliqua sicut supra praecepimus fieri debebunt. **22.** Fiscis autem non isdem probum et cibarium oleum premi oportebit ; nam ueteres ad caducam oliuam, noui autem ordinario aptari oleo, semperque, cum expresserint facta, statim feruentissima debent aqua bis aut ter elui ; deinde, si sit profluens, inpositis lapidibus, ut pondere pressi detineantur, inmergi, uel, si nec flumen est, in lacu aut in piscina quam purissimae aquae macerari et postea uirgis uerberari, ut sordes faecesque decidant, et iterum elui siccarique.

Olei gleucini compositio. **53**

1. Quamuis non erat huius temporis olei gleucini compositio, tamen huic parti uoluminis reseruata est, ne parum opportune uini conditionibus interponeretur. Hac autem ratione confici debet : uas oleare quam maximum et aut nouum aut certe bene solidum praeparari oportet, deinde per uindemiam musti quam optimi generis et quam recentissimi sextarios LX cum olei pondo LXXX in id confundi, tum aromata non cribrata, sed ne minute quidem contusa, uerum leuiter

21. immunditiarum *A*[2]*R* : -diciarum *S*[2] -diarum *S*[1]*A*[1] || praecepimus *SR* : -coepimus *A*.
22. isdem *SA* : iisdem *R* || aut in *SA* : aut *R*.

53. uini *S* : uicini *AR* || oleare *S* : olea *AR* || confundi tum *SA* : -ditur *R*.

pulvérisés, mais légèrement concassés, et les jeter ainsi dans le mélange des deux parties d'huile et de moût [3]. **2.** On devra doser ainsi les substances suivantes : roseau odorant, herbe-à-chameau, cardamome, bois de baumier, écorce de moringa [4], fenugrec macéré dans du vin vieux, puis séché et même torréfié, souchet, ainsi qu'iris grec et aussi anis d'Egypte, à poids égal, c'est-à-dire une livre et quart de chacune ; jetez ces substances contenues dans un sachet, comme nous l'avons dit ci-dessus, et lutez la métrète. Au bout de sept ou neuf jours ouvrez-la, enlevez à la main et nettoyez la lie et les saletés qui auraient adhéré au col, puis décantez l'huile et versez-là dans des récipients neufs. **3.** Retirez ensuite le sachet, pilez le plus proprement possible les aromates dans un mortier, et replacez-les une fois pulvérisés dans la même métrète ; versez autant d'huile que la première fois, bouchez, placez au soleil ; au bout de sept jours, videz l'huile et mettez le moût restant dans un *cadus* poissé ; s'il n'a pas aigri, on le fera boire comme médicament aux bœufs malades et aux autres bestiaux [5].

Quand à la seconde huile [6], dont l'odeur n'est pas désagréable, elle pourra servir à des frictions journalières pour les personnes souffrant de douleurs aux tendons.

3. Dans le « mélange » en question, l'huile surnage, comme on le voit au § 3. S'il y avait complet amalgame, on ne pourrait vider l'huile tout en laissant le moût : *post septimum diem oleum depleto et, quod reliquum est musti...* Moût et huile forment deux parties distinctes, dont une seule, l'huile, sera gardée comme remède ; elle était astringente et rafraîchissante, cf. Pline, 23, 91 ; Diosc. 1, 57.

4. *corticis de palma* : l'écorce du fruit du moringa (en particulier *Moringa arabica* Pers.), employée par les parfumeurs, cf. Théophr., *H.P.* 4, 2, 6 ; Diosc. 1, 57. — Le total des substances aromatiques s'élève à 10 livres, soit 3,274 kg.

5. On notera que Columelle n'envisage l'usage du remède que pour les animaux, alors que Dioscoride le recommande pour de nombreuses maladies humaines. Il est employé dans diverses compositions vétérinaires par Végèce, *mul.* 3, 22, 2, *olei gleucini unc. III*, etc.

6. L'*oleum secundarium* est l'huile de seconde presse, l'*oleum sequens* de l'*Ed. Diocl.* 3, 2.

confracta in reticulum iunceum aut linteum adici et ita in olei atque musti p*artes* demitti. **2.** Sin*t* autem his portionibus pensata ea quae infra subicimus : calami, schoeni, cardamomi, x*yl*obalsami, corticis de palma, faeni Graeci uetere *uin*o macerati et postea siccati atque etiam torrefacti, iunci radicis, tum etiam iridis Graecae nec minus anesi Aegyptii, pari pondere, id est uniuscuiusque libram et quadrantem, ut supra diximus, reticulo inclusa demittito et metretam linito ; post septimum diem aut nonum apertae metretae, si quid faecis aut spurcitiae faucibus inhaerebit, manu eximito et detergito, deinde oleum eliquato nouisque uasis recondito. **3.** Mox reticulum eximito et aromata in pila quam mundissime contundito tritaque in eandem metretam reponito et tantundem olei quantum prius infundito et opturato, in sole ponito, post septimum diem oleum depleto et, quod est reliquum musti, picato cado recondito ; nam id si non exacuerit, medicamentum dabitur potandum inbecillis bubus et cetero pecori.

Oleum autem secundarium non insuauis odoris cotidianam unctionem praebere poterit dolore neruorum laborantibus.

1. partes *ego* : pre *S* p̄ *uel* P *AR* partem *uett.* praedictum modum *Hedberg* pondere *Richter.*

2. sint *Ald.* : sit *codd.* || pensata ea quae *Hedberg* : -tae atque *codd.* || calami *R* : -mis *A* -mus *S*[1] -mo *S*[2] || xylobalsami *Ald.* : xtobal- *codd.* || uino *Ald.* : primo *codd.* || iunci *R* : iuncti *SA* || demittito *ä* : dim- *SAR* || apertae *S* : perfae *A* per se *R* || metretae *S*[2] : -ta *S*[1]*AR* || quid *R* : quis *SA.*

3. mundissime *codd.* : -ma *Richter* || oleum *S* : oleo *AR* || depleto *Ald.* : repl- *codd.* || cado recondito *S* : candore cond- *AR* || exacuerit *lç* : exaucerit *AR* -gerit *S* || potandum *tlç* : -tantum *SAjm* || cetero *tü*[2]*j* : -rorum *SAR.*

54 **Fabrication de l'huile de parfumerie.**

Avant que les olives noircissent, quand elles ont commencé à changer de couleur sans être bigarrées, cueillez à la main surtout les licinies, si vous en avez, sinon les sergies, ou, à défaut encore, les culminées [1] ; après les avoir nettoyées, soumettez-les telles quelles sans délai au pressoir et exprimez-en l'amurque. **2.** Ensuite, broyez les olives sans serrer la meule, déposez-les dans les réglettes ou dans des cabas neufs, mettez-les sous le pressoir et pressez sans faire tourner l'appareil [2], mais en laissant seulement exprimer une faible quantité de liquide par le simple poids du pressoir. Ensuite, le transvaseur séparera sans délai de l'amurque le liquide ainsi écoulé, le transvasera soigneusement à part dans des bassines neuves et le décantera. Le reste de l'huile, qui aura été exprimé ensuite, pourra servir pour l'alimentation, soit mélangé à une autre qualité d'huile, soit seul.

55 **1.** Nous avons jusqu'ici assez parlé de l'huile. Passons maintenant à des choses moins importantes.

L'abattage et la salaison des porcs.

On doit interdire la boisson à tout animal domestique et surtout au porc la veille de l'abattage [1], afin que la chair soit plus sèche, car s'il a bu, la salaison sera plus humide : donc, tuez-le sans qu'il ait bu et, désossez-le avec soin, car cette opération garantit davantage la salaison des teignes [2]

1. Pour l'*olea licinia* et l'*olea culminia*, cf. 12, 51, 3. L'*olea sergia* (Pline, 15, 13, Col. 5, 8, 3, etc.) ou *sergiana* (Caton, *Agr.* 6, 1 ; Varron, *R.R.* 1, 24, 1) est celle qui donne le plus d'huile.
2. Il s'agit de la vis du pressoir.

1. Prescription indiquée aussi dans les *Géoponiques*, 19, 9, 1 : « Aux animaux dont on doit saler la viande, on ne donne pas à boire la veille », et encore observée de nos jours : on ne donne plus à boire aux porcs sur la fin de l'engrais.

Oleum ad unguenta sic facito. 54

1. Antequam oliua nigrescat, cum primum decolorari coeperit nec tamen adhuc uaria fuerit, maxime Liciniam, si erit, si minus, Sergiam, si nec haec fuerit, tunc Culminiam bacam manu stringito et statim purgatam prelo integram subicito et amurcam exprimito. **2.** Deinde suspensa mola oliuam frangito eamque uel in regulas uel in nouo*s* fisco*s* adicito, subiectamque prelo sic premito ne uasa intorqueas, sed tantum ipsius preli pondere quantulumcumque exprimi patiaris. Deinde, cum sic fluxerit, protinus capulator amurca separet et diligenter seorsum in noua labra transferat *at*que eliquet. Reliquum olei, quod postea fuerit expressum, poterit ad escam uel cum alia nota mixtum uel per se adprobari.

1. Hactenus de oleo dixisse abunde est. Nunc ad minora redeamus. 55

De sucidia et salsura facienda.

Omne pecus et praecipue suem pridie quam occidatur potione prohiberi oportet, quo sit caro siccior ; nam si biberit, plus umoris salsura habebit ; ergo sitientem cum occideris, bene exossato ; nam ea res minus

54. coeperit *tü* : coepit *SAR* || sergiam *SA* : regiam *R* || culminiam *SAR* : -nam *tü* || manu *R* : manum *SA* || integram *R* : in int- *SA*.
2. nouos fiscos *Gronov.* : nouo fisco *codd.* || separet *tl* : separare *SAR* || atque *Hedberg* : eiusque *codd.* iusque *Richter* quousque *Schn.*, *F.-H.*

55. *exossato* SA^2R : -ta A^1.

et la conserve plus longtemps. **2.** Ensuite, quand vous l'aurez désossé, salez-le soigneusement avec du sel grillé, pas trop égrugé, mais concassé sous la meule desserrée, et bourrez largement de sel les quartiers surtout auxquels ont été laissés les os. Chargez les échines ou les quartiers disposés sur un plancher de poids très lourds pour faire écouler l'humidité ; otez les poids le troisième jour et frottez soigneusement à la main la salaison et, quand vous voudrez la remettre en place, saupoudrez-la de sel fin égrugé, replacez-la sans cesser de frotter chaque jour cette salaison jusqu'à ce qu'elle soit à point. **3.** S'il fait beau les jours où vous frottez la viande, vous la laisserez neuf jours saupoudrée de sel ; mais, par temps couvert, ou s'il pleut, il faudra, le onzième ou le douzième jour, porter la salaison au bassin, secouer d'abord le sel, puis la laver avec soin à l'eau douce, pour n'y laisser de sel nulle part, et, quand elle aura un peu séché, la suspendre au garde-manger, où on fera pénétrer un peu de fumée pour sécher le reste d'humidité. Il sera avantageux de faire cette salaison au décours de la lune, surtout pendant le solstice d'hiver, mais aussi en février, avant les ides.

Autre procédé.

4. Il existe encore un procédé de salaison qui peut être employé en toute saison, même dans les régions chaudes. La veille, on prive d'eau les porcs ; le lendemain, on les tue et on les épile soit à l'eau bouillante, soit à une légère

*t*iniosam et magis durabilem salsuram facit. **2.** Deinde cum exossaueris, cocto sale nec nimium minuto, sed suspensa mola infracto diligenter sallito et maxime in eas partes quibus ossa relicta sunt largum salem infarcito, conpositisque supra tabulatum tergoribus aut frustis uasta pondera inponito, ut exanietur ; tertio die pondera remoueto et manibus diligenter salsuram fricato, eamque cum uoles reponere, minuto et trito sale aspergito atque ita reponito nec desieris cottidie salsuram fricare, donec matura sit. **3.** Quod si serenitas fuerit his diebus quibus perfricatur caro, patieris eam sale consparsam esse VIIII diebus ; at si nubilum aut pluuiae, undecima uel duodecima die ad lacum salsuram deferri oportebit et salem prius excuti, deinde aqua dulci diligenter elui, necubi sal inhaereat, et paulum adsiccatam in carnario suspendi, quo modicus fumus perueniat, qui, si quid umoris adhuc continetur, siccare eum possit. Haec salsura luna decrescente maxime per brumam, sed etiam mense Februario ante Idus commode fiet.

Aliter.

4. Est et illa salsura, quae etiam locis calidis omni tempore anni potest usurpari, cum ab aqua pridie sues prohibitae sunt ; postero die mactantur et uel aqua

1. tiniosam *Ponted.* (cf. Cato, *Agr.* 162, 3) : incynosam *SAcj* uitiosam *tü, uett.* unguinosam *Gronov., F.-H.* || salsuram *R* : -rum *SA*.

2. manibus *S* : in man- *AR* || desieris *Hedberg* : -ris eius *R, uett.* desit eius *S* desieius *A*.

3. sale *R* : salem *SA* || at *Ald.* : aut *codd.* || pluuiae *AR* : -uiam *S* || undecima *cj, uett.* : -cim *A* XI *Stü* || elui S^2AR : elu S^1 || necubi *R* : ne ubi *SA* || adsiccatam *AR* : *-ta S* || haec *R* : hae *SA* || salsura S^2R : -ram S^1A.

flamme de menu bois (car on peut les épiler de ces deux façons) et on découpe la viande en morceaux d'une livre. On dispose ensuite au fond d'une *seria* une couche de sel grillé et légèrement égrugé, comme nous l'avons dit ci-dessus ; puis on place les morceaux de viande serrés, alternant avec des couches de sel. Quand on est arrivé au col de la *seria*, on achève de la remplir avec du sel, on place par-dessus des poids et on couvre le vase. Cette viande peut être consommée à tout moment : elle reste comme les salaisons dans sa saumure.

56 Conserves de raves [1].

1. Prenez des raves les plus rondes possible, lavez-les si elles sont terreuses, et enlevez la pelure avec un couteau ; ensuite, comme ont coutume de faire les fabricants de conserves, entaillez-les en sautoir avec une lame en forme de croissant, mais sans les fendre entièrement ; puis, dans les fentes, répandez du sel qui ne soit pas trop fin et placez les raves dans un bassin ou une *seria*, saupoudrez d'un peu de sel encore, et laissez trois jours jusqu'à ce qu'elles aient ressué. **2.** Au bout de trois jours, goûtez la chair intérieure d'une rave, pour vous assurer qu'elle a pris du sel ; ensuite, quand vous verrez qu'elle en a assez pris, sortez-les toutes et lavez chacune d'elles dans son propre jus ; ou bien, s'il y en a trop peu, ajoutez de la saumure forte, lavez

1. La rave, élément essentiel de l'alimentation hivernale, venait au troisième rang dans les cultures de l'Italie Transpadane, après le blé et la vigne, d'après Pline, 18, 127. On pouvait les laisser sur place dans leur terre presque jusqu'à la récolte suivante (*Ibid.*), mais il était des procédés plus raffinés : coupées en tranches, salées pour les faire dégorger, légèrement cuites, puis mises en pots dans la moutarde et le vinaigre (Varron, *R.R.* 1, 59, 3 ; Pallad. 13, 5, en décembre). Apicius, 1, 12, 8, donne une recette qui ne se retrouve pas ailleurs : « Rangez-les après les avoir nettoyées et recouvrez-les de baies de myrte avec du miel et du vinaigre », et deux recettes de cuisine en 3, 13, 1-2.

candente uel ex tenuibus lignis flammula facta glabrata (nam utroque modo pili detrahuntur) caro in libraria frusta conciditur. Deinde in seria substernitur sal coctus et modice, ut supra diximus, infractus ; deinde offulae carnis spisse conponuntur et alternis sal ingeritur. Sed cum ad fauces seriae peruentum est, sale reliqua pars repletur et inpositis ponderibus uas contegitur, eaque caro semper consumatur : tamquam salsamentum in muria sua permanet.

Raporum conditura. **56**

1. Rapa quam rotundissima sumito eaque, si sunt lutosa, detergito et summam cutem nouacula decerpito ; deinde, sicut consueuerunt salgamarii, decusatim ferramento lunato incidito, sed caueto ne usque ad imum praecidas rapa. Tum salem inter incisuras raporum non nimium minutum adspergito et rapa in alueo aut seria conponito, et sale plusculo inspersa triduo sinito, dum exudent. **2.** Post tertium diem mediam fibram rapi gustato, si receperit salem ; deinde, cum uidebitur satis recepisse, exemptis omnibus singula suo sibi iure eluito, uel, si non multum liquoris fuerit, muriam duram adicito et ita eluito et postea in

4. uel *düt*^{2} : uelut *SAR* || frusta *S* : -tra *AR* || coctus et *Hedberg* : -tum sed *codd.* coctus sed *uett.* || infractus *S* : -tas *AR* || alternis *S* : -nus *AR* || uas *Hedberg* : uuas *A* ouas *S* in uas *R* || contegitur *Hedberg* : -teritur *SAR* -geritur *t* -primitur *Ald.* -fercitur *Richter* || consumatur *Sc* : -summatur *Apt* -seruatur *uett.*

56. rapa *S* : raporum *AR* || detergito *A* : -geto *SR* || nouacula *AR* : -lam *S* || praecidas : pre- *tü* perpr(a)ecidas *SAR* || salem *dt* : sale *SAR* || incisuras *AR* : cisuras *S* || inspersa *S* : a(d)spersa *cett.*
2. gustato *jdp*^{2} : gusto *S*^{2}*Ap*^{1} gusta *tü* || exemptis *tü* : et ex- *SAR*.

ainsi les raves, puis mettez-les dans une corbeille d'osier carrée, à la vannerie solide sans être pourtant serrée, et faite de gros brins ; puis placez dessus une planche ménagée de façon à ce qu'on puisse, s'il le faut, l'enfoncer jusqu'au fond de la corbeille. **3.** La planche une fois disposée ainsi, chargez-la de poids lourds et laissez sécher toute une nuit et un jour ; puis placez les raves dans un tonneau de terre poissée ou de verre et versez dessus de la moutarde jusqu'à ce que le liquide les recouvre [2].

Conserves de navets [3].

On peut aussi conserver des navets dans le même liquide que les raves, entiers s'ils sont petits, coupés s'ils sont gros ; mais il faut veiller à mettre les uns et les autres [4] en conserve avant qu'ils sortent leur tige et jettent leurs pousses, pendant qu'ils sont tendres.

Autre procédé.

4. Jetez dans un récipient de petits navets entiers, ou sinon des gros coupés en trois ou quatre, versez du vinaigre, ajoutez aussi un setier de sel grillé par conge de vinaigre ; vous pourrez utiliser au bout de trente jours.

57 **Recette de la moutarde [1].**

1. Nettoyez avec soin et criblez de la graine de moutarde, puis lavez-la à l'eau froide et, quand elle aura été bien lavée, laissez-la deux heures dans l'eau, retirez-la

2. *infundito sinapi* : la présence de *a iure* a incité les veteres à ajouter inutilement *et aceto*. Il ne peut être question que de la moutarde — assaisonnement, dite aussi *sinapis confecta, sinape factum*, plus ou moins liquide suivant la quantité de vinaigre, et qui servait pour les conserves. Voir la recette ci-dessous, chap. 57, et dans Palladius, 8, 9.

quadratam cistam uimineam, quae neque [non] spisse, solide tamen et crassis uiminibus contexta sit, rapa conponito. Deinde sic aptatam tabulam superponito, ut usque ad fundum, si res exigat, intra cistam deprimi possit. **3.** Cum eam tabulam sic aptaueris, grauia pondera superponito et sinito nocte tota et uno die siccari ; tum in dolio picato fictili uel in uitreo conponito et sic infundito sinapi ut a iure contegantur.

Naporum conditura.

Napi quoque, sed integris, si minuti sunt, maiores autem insecti, eodem iure, quo rapa, condiri possunt ; sed curandum est ut haec utraque, antequam caulem agant et cymam faciant, dum sunt tenera, conponantur.

Aliter.

4. Napos minutos integros, aut rursus amplos in tres aut quattuor partes diuisos, in uas coicito et aceto infundito, salis quoque cocti unum sextarium in congium aceti adicito ; post tricesimum diem uti poteris.

Quemadmodum sinapem facias. **57**

1. Semen sinapis diligenter purgato et cribrato ; deinde aqua frigida eluito et, cum fuerit bene lotum, duabus horis in aqua sinito ; postea tollito et manibus

2. spisse *ed. pr.*, *edd.* : non spisse *codd.* || aptatam *AR* : apta *S* || tabulam *dt*, *Ald.* : -la *SAR* || cistam *AR* : -ta *S*.
3. tabulam *Ald.* : -latum *codd.* || sinapi *R* : sen- *SA* || ut a *tü*[2] : utra *SAR* || integri si minuti *dtü* : -gris si minunti *SAR* || et *SA* : *om.* *R*.

ensuite et, après l'avoir pressée dans vos mains, mettez-la dans un mortier neuf ou bien nettoyé et écrasez-la au pilon. Quand elle aura été écrasée, ramenez toute la pâte au centre du mortier et aplatissez-la avec le plat de la main ; une fois aplatie, tracez-y des sillons et, après avoir placé dessus quelques charbons ardents, versez y de l'eau nitrée, pour éliminer l'amertume et la moisissure. Immédiatement après, penchez le mortier pour en faire couler tout le liquide, puis ajouter du fort vinaigre blanc, mélangez avec le pilon et tamisez. Ce jus convient parfaitement pour confire les raves. **2.** Mais, si vous voulez en préparer pour l'usage de la table, après avoir fait rendre son humidité à la moutarde, ajoutez des pignons de pin très frais et de la fécule et broyez le tout soigneusement après avoir versé du vinaigre. Pour le reste, faites comme je l'ai dit ci-dessus. Cette moutarde non seulement sera bonne pour les sauces [2], mais aussi d'un bel aspect, car elle est du plus beau blanc, si elle est préparée avec soin.

58 Comment confire les racines de maceron en janvier ou février [1].

1. Avant que le maceron pousse sa tige, arrachez sa racine en janvier ou même en février, frottez-la bien pour qu'il n'y reste pas de terre et mettez-la dans le vinaigre avec du sel ; retirez-la au bout de trente jours, pelez-la et jetez la pelure. Mettez l'intérieur coupé en morceaux dans un récipient de terre neuf ou bien de verre et ajoutez-y un

2. Un exemple pour les sauces dans Apicius, 8, 7, 15, avec du vinaigre, du garum, du miel, de l'huile et divers aromates.

1. *holus atrum* « légume noir » est le nom du maceron (*Smyrnium olusatrum* L.), autrefois cultivé, dont on consommait crue ou cuite la racine charnue et aromatique (Diosc. 3, 63). Son amertume ne permettait pas de la consommer immédiatement et il fallait attendre la fin de janvier pour la mettre en conserve ; cf. *L'alimentation et la cuisine à Rome*, p. 18.

expressum in mortarium nouum aut bene emundatum adicito et pistillis conterito. Cum contritum fuerit, totam intritam ad medium mortarium contrahito et comprimito manu plana ; deinde cum compresseris, scarifato et inpositis paucis carbonibus uiuis aquam nitratam suffundito, ut omnem amaritudinem eius et pallorem exaniet. Deinde statim mortarium erigito, ut omnis umor eliquetur ; post hoc album acre acetum adicito et pistillo permisceto colatoque. Hoc ius ad rapa condienda optime facit. **2.** Ceterum, si uelis ad usum conuiuiorum praeparare, cum exaniaueris sinape, nucleos pineos quam recentissimos et amylum adicito diligenterque conterito, infuso aceto. Cetera, ut supra dixi, facito. Hoc sinapi ad embamma non solum idoneo, sed etiam specioso uteris ; nam est candoris eximii, si sit curiose factum.

Holeris atri quemadmodum conponas Ianuario uel Februario mense. **58**

1. Priusquam holus atrum coliculum agat, radicem eius eruito mense Ianuario uel etiam Februario, et diligenter defricatam, ne quid terreni habeat, in aceto et sale conponito ; deinde post diem XXX eximito et corticem eius delibratum abicito. Ceterum medullam eius concisam in fideliam uitream uel nouam fictilem coicito, et adicito ius quod, sicut infra scriptum est, fieri

57. colatoque *S* : colla- *AR*.
2. amylum *SA* : ami- *R* amygdalum *uett.* -lam *Schn.* || sinapi *R* : sen- *SA*.

58. eruito *ed. pr.* : -tom *S* serito *AR* || defricatam *AR* : diffrictam *S* || fictilem *SR* : -le *A*.

jus qui devra être préparé comme ci-après : **2.** Prenez de la menthe, des raisins secs et de petits oignons séchés et broyez le tout avec du blé grillé et un peu de miel. Après avoir bien broyé, mélangez deux parties de *sapa* ou de *defrutum* et une de vinaigre et versez ainsi dans le même récipient que vous couvrirez et envelopperez d'une peau. Quand ensuite vous voudrez vous en servir, retirez les tranches de racines avec leur jus et ajoutez de l'huile.

Comment confire les racines de panais [2].

3. A la même époque, vous pourrez mettre en conserve les racines de panais par le procédé indiqué ci-dessus ; mais, quand vous en voudrez faire usage, retirez-les du pot et arrosez-les d'oxymel [3] avec un peu d'huile.

59 Recette du moretum [1].

1. Mettez dans un mortier de la sarriette, de la menthe, de la rue, de la coriandre, de l'ache, du poireau à couper (ou, à défaut, de l'oignon vert), des feuilles de laitue, des feuilles de roquette, du thym vert ou du calament, et aussi du pouliot vert et du fromage frais salé. Pilez le tout ensemble et mêlez-y un peu de vinaigre poivré. Mettez ce mélange dans un plat, et arrosez d'huile.

2. *siser* : le panais, cultivé (*Pastinaca sativa* L.) ; cf. Hor., *Sat.* 2, 8, 9 ; Col. 10, 114 ; 11, 3, 35 ; Pline, 19, 90 ; cf. *L'alimentation et la cuisine à Rome*, p. 17.

3. *oxymeli* (gr. ὀξύμελι) : liqueur obtenue par le mélange, généralement bouilli, de 10 livres de miel (3,274 kg), 5 hémines de vinaigre (1,350 l), 1 livre de sel marin et 5 setiers d'eau de pluie (2,735 l). On soutirait et laissait vieillir. Caton en donnait déjà une recette, mais comme remède, *Agr.* 157, 7. Pline le dit employé pour les conserves de laitues (19, 127).

debebit : **2.** Sumito mentam et uuam passam et exiguam cepam aridam eaque cum torrido farre <et> exiguo melle subterito ; quae cum fuerit bene trita, sapae uel defruti duas partes et aceti unam permisceto atque ita in eandem fideliam confundito, eamque, operculo contectam, pellic<u>lato. cum deinde uti uoles, cum suo iure concisas radiculas promito et oleum adicito.

Siseris radicem quemadmodum componas.

3. Hoc ipso tempore siseris radicem poteris eadem ratione qua supra condire ; sed cum exegerit usus, eximes de fidelia et oxymeli cum exiguo oleo superfunde.

Quemadmodum moretum facias. **59.**

1. Addito in mortarium satureiam, mentam, rutam, coriandrum, apium, porrum sectiuum aut, si id non erit, uiridem cepam, folia lactucae, folia erucae, thymum uiride uel nepetam, tum etiam uiride puleium et caseum recentem et salsum. Ea omnia pariter conterito acetique piperati exiguum permisceto. Hanc mixturam cum in catillo composueris, oleum superfundito.

2. eaque *ego* : eamque *codd.* || et *add. Iunt.* || pelliculato *ed. pr.* : -clato S^1 -cato S^2AR.
3. poteris *ante* siseris *transp.* *S* || exegerit *R* : -rat *S* exigerit *A* || oxymeli *SA* : oxi- *R*.

59. mortarium *SA* : -rio *R* || id *SA* : *om.* *R* || recentem *tü*^{2} : recens *SAR* || hanc *AR* : ac *S*.

Autre recette.

2. Après avoir pilé les herbes indiquées ci-dessus, écrasez des noix décortiquées en quantité suffisante, mêlez-y un peu de vinaigre poivré, et arrosez d'huile.

Autre recette.

Pilez du sésame légèrement grillé avec les herbes indiquées ci-dessus ; mélangez d'un peu de vinaigre poivré et arrosez d'huile.

Autre recette.

3. Coupez menu et écrasez du fromage gaulois [2] ou de toute autre espèce que vous voudrez avec des pignons de pin, si vous en avez assez, sinon des avelines grillées et décortiquées ou des amandes ; mêlez-y les condiments indiqués ci-dessus, ajoutez un peu de vinaigre poivré, mélangez et nappez d'huile la composition.

Autre recette.

4. A défaut de condiments verts, pilez du pouliot sec ou du thym ou de l'origan ou de la sarriette sèche avec du

2. Les fromages gaulois étaient réputés, bien que Pline, 11, 241, leur trouve souvent un goût de médicament. On citait ceux de Nîmes, de la Lozère, du Gévaudan (Pline, 11, 240), ceux de Toulouse, peu estimés de Martial (12, 32, 18), et le vatusique de Tarentaise (Pline, *l.c.* ; Galien, VI, 697).

Aliter.

2. Cum uiridia, quae supra dicta sunt, contriueris, nuces <iu>glandes purgatas, quantum satis uidebitur, interito acetique piperati exiguum permisceto et oleum infundito.

Aliter.

Sesamum leuiter torrefactum cum his uiridibus, quae supra dicta sunt, conterito ; item aceti piperati exiguum permisceto, tum supra oleum superfundito.

Aliter.

3. Caseum Gallicum uel cuiuscumque notae uolueris minutatim concidito et conterito nucleosque pineos, si eorum copia fuerit, si minus, nuces auellanas torrefactas, adempta cute, uel amygdalas *ea*que <quae> supra condimenta pariter misceto acetique piperati exiguum adicito et permisceto compositumque oleo superfundito.

Aliter.

4. Si condimenta uiridia non erunt, puleium aridum uel thymum uel origanum uel aridam satureiam cum

2. iuglandes *tü*[2] : glandes *b* grandes *SAR* || interito *S* : inse- *AR* || permisceto *AR* : -misce *S* || tum *S* : cui *AR*.
3. minutatim *AR* : minuta *S* || adempta *AR* : -tas *S* || amygdalas *A* : -dolas *R* -das *S* || eaque quae *Hedberg* : (a)eque *codd.*
4. erunt *R* : erint *SA*.

fromage, et ajoutez du vinaigre poivré et de l'huile. Toutefois on peut ajouter au fromage une seule de ces substances sèches, si on ne dispose pas des autres.

Composition de l'oxyporum [3].

Trois onces de poivre blanc, si on en a, sinon de poivre noir, deux onces de graines d'ache, une once et demie de racine de *laser*, que les Grecs appellent *silphion* [4], et deux onces de carvi [5]. Broyez, tamisez, mélangez avec du miel et gardez dans un pot neuf ; puis, quand vous en voudrez faire usage, délayez la quantité voulue avec du vinaigre et du garum.

Autre recette.

5. Une once de livèche, deux onces de raisins secs épépinés, deux onces de menthe sèche, trois onces de poivre blanc ou noir. Si l'on veut éviter trop de frais, on peut mélanger du miel à ces produits et les conserver ainsi. Mais, si on veut faire un oxyporum plus riche, on mêlera cette composition avec la précédente et on le réservera pour l'usage ; si même on a du laser de Syrie [6], il sera préférable d'en ajouter une demi-once au lieu du silphion.

***

En conclusion de mon ouvrage, Publius Silvinus, je ne crois pas hors de propos de déclarer aux personnes qui me liront, s'il en est toutefois qui ne dédaignent pas de

3. L'*oxyporum* (gr. ὀξυπόρον sc. φάρμακον) est un digestif généralement préparé à base de vinaigre aromatisé et de poivre. Il était employé pour favoriser la digestion et contre les maux d'estomac, mais aussi pour les coliques, les calculs et les maux de reins (Marcell., *med.* 20, 84).

caseo conterito acetumque piperatum et oleum adicito. Possunt tamen haec arida, si reliquorum non sit potestas, etiam singula caseo misceri.

Oxypori compositio.

Piperis albi, si sit, si minus, nigri unciae tres, apii seminis unciae duae, laseris radicis, quod silphion Graeci uocant, sescunciam, carei sextantem ; haec contusa et cribrata melli permisceto et in olla noua seruato ; deinde, cum exegerit usus, quantulumcumque ex eo uidebitur, aceto et garo diluito.

Aliter.

5. Ligustici unciam, passae uuae, detractis uinaceis, sextantem, mentae aridae sextantem, piperis albi uel nigri quadrantem ; haec, si maiorem inpensam uitabis, possunt melli admisceri et ita seruari. At si pretiosius oxyporum facere uoles, haec eadem cum superiore compositione miscebis et ita in usum repones ; quod si etiam Syriacum lasar habueris, pro silphio melius adicies pondo semunciam.

Clausulam peracti operis mei, Publi Siluine, non alienum puto indicem lecturis, si modo fuerint qui

4. oleum *AR* : oleo *S* || laseris *AR* : laseridis *S* || sescunciam *Ald.* : sexun- *S* sesun- *AR* || carei *SA* : casei *R*, *edd.*
5. mentae aridae sextantem *S* : *om.* *AR* || oxyporum *S* : -rium *A* oxiporium *tü* || compositione *AR* : -nem *S* || syriacum *S* : cum *AR* || alienum S^2 : -nam *AR* -nom S^1.

prendre connaissance de ces matières, que je n'ai jamais douté qu'un nombre de choses presque illimité aurait pu trouver place dans cet exposé, mais que j'ai pensé ne devoir transmettre à la postérité que celles qui paraissaient indispensables. Mais la nature humaine est incapable d'acquérir la connaissance de toutes choses : même ceux qui ont été tenus pour les plus sages des mortels savaient, dit-on, beaucoup de choses, mais pas toutes.

dignentur ista cognoscere, nihil dubitasse me paene infinita esse quae potuerint huic inseri materiae, uerum ea quae maxime uidebantur necessaria memoriae tradenda censuisse. Nec tamen ca<pit homi>nis natura[m] cunctarum rerum prudentiam ; nam etiam quicumque sunt habiti mortalium sapientissimi, multa scisse dicuntur, non omnia.

5. capit hominis natura *Hedberg* : canis naturam (-ra h^2r) *SAR* canis (*sc.* hominibus) natura dedit *uett.*, *edd* || scisse *SR* : scississe *A*.

NOTES COMPLÉMENTAIRES

N.B. Le commentaire a été considérablement réduit pour répondre au vœu de la direction de la Collection.

Préface

3. Cicéron avait traduit l'*Économique* dans sa jeunesse, cf. Cic., *De off.* 2, 87.

4. La phrase de Xénophon, 7, 22-23, moins condensée, est plus claire : c'est la volonté divine qui a différencié l'homme et la femme en vue de la répartition du travail : « Comme les travaux de la maison, aussi bien que ceux du dehors exigent à la fois du labeur et du soin, *la divinité*, il me semble, a adapté dès le principe la nature de la femme aux travaux et aux soins de l'intérieur, celle de l'homme à ceux du dehors. Froids, chaleurs, marches, expéditions militaires, c'est le corps et l'âme de l'homme qu'elle a constitués de manière à les mieux endurer ; aussi lui a-t-elle imposé les travaux du dehors. Quant à la femme, la divinité lui a créé un corps moins résistant ; aussi elle me semble l'avoir chargée des travaux de la maison » (trad. P. Chantraine). Cette division des tâches fondée sur le sexe, c'est-à-dire sur la constitution physique, était admise de toute l'antiquité gréco-romaine. Seule exception, les femmes esclaves du domaine accompagnaient les bergers dans la transhumance. Sur le rôle de la femme, outre l'*Économique*, Columelle a eu un prédécesseur latin avec le très bref chapitre de Caton, *Agr.* 143, sur les devoirs de la fermière (*uilicae officia*) et sur les qualités requises. Sur un des aspects du problème, v. L. Bodson, *Le rôle de la femme dans l'élevage antique*, in *Ethnozootechnie*, n° 38 (1986), p. 5-19. — La comparaison des textes grec et latin postule la suppression d'*opera* avec Schneider, adoptée par les éditeurs.

Chap. 3

3. *seruuli* : les esclaves que leur physique exclut des travaux de force, aux champs et aux ateliers, mais qui sont chargés de la cuisine et du travail de la laine, cf. ci-dessous, 12, 3, 6.

Chap. 4

2. Mnaséas : Varron, *R.R.* 1, 1, 9, et Columelle, 1, 1, 9, citent parmi les agronomes un Mnaséas de Milet. Est-ce le même que l'historien Mnaséas cité par Pline parmi ses sources du livre 37 (cf. 1, 37 ; 37, 38 ; C. Müller, *FHG*, III, p. 149) ? — Paxamos est un agronome du Ier s.a.C., vraisemblablement égyptien, abondamment cité dans les *Géoponiques* ; cf. W. Morel, *R.E.*, XVIII, 2436 sq.

3. M. Ambiuius n'est pas autrement connu, tout comme Maenas Licinius, dont le nom n'est même pas assuré. — Selon certains, ce C. Matius serait non l'ami de Cicéron et de César, mais son fils, qui aurait porté le même nom (cf. F. Münzer, *R.E.* XIV, 2, 2206-2210 ; R. Syme, *The Roman revolution*, 1952, trad. fr., Paris, Gallimard, 1977, p. 76-77). Quand il écrit le livre 12 de son *Histoire naturelle*, Pline signale que le chevalier C. Matius, l'ami d'Auguste, avait inventé 80 années auparavant l'art de tailler des bosquets (*nat.* 12, 13). Or, nous savons que lorsqu'il écrivait le livre 10, Néron et Britannicus (*Caesares iuuenes*) s'amusaient à apprendre à parler à des oiseaux (*nat.* 10, 120). On peut penser qu'ils étaient âgés au maximum d'une quinzaine d'années, ce qui situe la rédaction du livre vers 50 p.C., peut-être même avant. Les 80 ans dont a parlé Pline nous ramènent donc en 30 a.C. Ainsi C. Matius a bien pu être l'ami à la fois ou successivement de César, de Cicéron et d'Auguste. Il avait donné son nom à une espèce de pomme (*malum Matianum*, Col. 5, 10, 19 ; Pline, *nat.* 15, 49), assez célèbre pour donner le nom du fruit en espagnol (*manzana*). Il était aussi l'auteur d'un livre de cuisine (cf. ci-dessous chap. 46 et n. 1).

Chap. 7

2. Le sens exige la ponctuation *pastinacae... silentem florem, uitis albae... coliculum...* (sic Hedberg, Ahrens), et non *silentem florem uitis albae ... et eius coliculum...* (sic *uett.*, Forster-Heffner, Richter). *Flos* ne convient pas en effet pour le fragon et l'orpin, alors que *coliculus* convient pour toutes les plantes des §§ 2 et 3.

3. *miluinus pes* « patte de milan », nom connu seulement par Columelle ; sans doute l'ammi (*Ammi majus* L.), autre ombellifère ; cf. J. André, *Les noms de plantes dans la Rome antique*, p. 274 ; voir aussi 12, 7, 5.

4. *folliculorum* est la leçon manuscrite et renvoie au § 1, *antequam de folliculo exeat*. Il s'agit de trois ombellifères (maceron, férule, fenouil), dont l'ombelle ne peut être mise en conserve avec sa gaîne que si celle-ci est tendre. Une fois durcie (*cortex*), elle doit être rejetée. La correction *coliculorum* d'Ursinus, adoptée par la plupart des modernes, est donc inutile.

Chap. 9

2. *passioli uirides integri* : une des adaptations, avec *phaselus*, *phaseolus* (*fas-*) du gr. φάσηλος, φασίολος, noms du dolique ou banette, mongette (*Vigna sinensis* Endl.), dont le fruit (la gousse) consommé vert était vendu sous le nom de *phaseoli* (*fas-*) *uirides*, et les graines de *ph. sicci* (*Ed. Diocl.*, 1, 21 ; Apic. 5, 8, 1).

Chap. 10

5. Sur la *sapa* et le *defrutum*, v. chap. 19 et n. 1.
6. Sur le *passum*, v. ch. 39.
7. Sur les conserves de poires, cf. Varron, *R.R.* 1, 59, 3 (confites dans la *sapa*) ; Pline, *nat.* 15, 61 (dans des vases poissés et enterrés ; les Anicianes dans le *passum*) ; Pallad. 3, 25, 8-10 (dans un vase poissé et clos, dans la balle de blé, dans le miel, la *sapa*, le *passum* ou le vin doux) ; sur les *pira Dolabelliana*, du nom de leur inventeur, cf. Pline, 15, 54 ; — *pira Crutumina* ou *-mia*, de Crustumium dans le Latium ; cf. Celse, 2, 24, 2 ; Pline, 23, 115, etc. ; — *p. regia*, poires de conserve à pédicule très court, Pline, 15, 26 ; — *p. Veneria* « poires de Vénus », Col. 5, 10, 18 ; Pline, 15, 56 ; — *p. uolema*, grosses poires, Caton, *Agr.* 7, 3 ; Pline, 15, 56, etc. ; — *p. Naeuiana*, de leur inventeur, Celse, 2, 24, 2, etc. ; — *p. Laterisiana (Lateritana, Lateriana)*, de leur inventeur, Col. 5, 10, 18 ; Pline, 15, 54 ; — *p. Decimiana*, de l'inventeur, Pline, 15, 54 ; — *p. laurea* « poires de laurier », pour leur odeur, Pline, 15, 55 ; — *p. myrapia* (cf. μυραππίδιον, *Géop.* 10, 76, 11, de μύρον « parfum »), espèce de poire parfumée, Celse, 4, 26, 5 ; Pline, 15, 55 ; — *p. purpurea*, Pline, 15, 55. Sur les variétés de poires connues des Romains, cf. Cloatius *ap.* Macr. 3, 19, 6.

Chap. 14

1. Sur la conservation par séchage des pommes et des poires, cf. Caton, *Agr.* 7, 4 ; 143, 2 ; Varron, *R.R.* 1, 59, 3 ; Pallad. 3, 25, 9.

Chap. 15

1. Sur la conservation des figues, cf. Caton, *Agr.* 48, 2 ; Pline, *nat.* 15, 34 ; 15, 82, etc.

Chap. 16

1. Sur les divers procédés de conservation des raisins, cf. Pline, *nat.* 15, 66-67 ; *Géop.* 4, 15.

Chap. 17

1. Sur le vinaigre de figues, cf. *Géop.* 8, 34, 2 : « Jeter dans une jarre des figues tendres, de l'orge grillée et la pulpe de cédrats, remuer souvent et, après avoir salé, filtrer et utiliser. » Dans les régions dépourvues de vignes, on faisait aussi un vinaigre de poires (Pallad. 3, 25, 11) et de pêches (*Géop.* 8, 34, 1).

Chap. 18

4. *Liber pater* et sa parèdre *Libera*, couple de divinités italiques de la fécondité animale et végétale, dont la fête commune (*Liberalia*) était célébrée le 17 mars. Il s'agit ici de l'offrande du premier moût, mentionnée par P. Fest. 423, 1 : *Sacrima appellabant mustum quod Libero sacrificabant pro uineis et uasis et ipso uino conseruandis.* W. Richter suppose inutilement en conséquence la chute de *pro uino et uineis* dans le texte de Columelle.

5. La *seria* est un vaisseau de terre, une jarre beaucoup plus petite que le *dolium*, utilisée généralement comme récipient pour le vin et l'huile, mais aussi pour les salaisons (Col. 12, 55, 5 ; Caton, *Agr.* 162, 1) ; cf. W. Hilgers, *Lat. Gefässnamen*, p. 276-277 ; K. D. White, *Farm Equipment*, p. 185-188. Faute de terme français convenant pour tous ces usages, et afin de garder *jarre* et *tonneau* pour traduire *dolium* suivant sa contenance, nous conservons le mot latin dans la traduction.

Chap. 19

1. La *sapa* et le *defrutum* sont des vins cuits différant seulement par le degré de réduction. L'élimination de l'eau, la concentration du sucre, la réduction de la fermentation permettaient la conservation des moûts faibles après vinification. Les termes latins désignant les vins cuits n'ont pas la même signification suivant les auteurs, et sans doute suivant les époques et les régions : la *sapa* est obtenue par réduction du moût des 2/3 (Pline, *nat.* 14, 80 ; Pallad. 11, 18), de moitié (Varron *ap.* Non. 551, 18 ; Col.), ou seulement d'1/3 ou d'un 1/4 comme ici. — Le *defrutum* par réduction des 2/3 (Varron, *ibid.* ; Col. 12, 21, 1) ou de moitié (Pline, *nat.* 14, 80). — *Sapa* est en rapport avec *sapiō* « avoir du goût », *sapor* « goût » avec le sens fondamental de « sirop ». *Defrutum* est à rapprocher d'anglo-saxon *brēowan* « brasser », a.isl. *brođ* « bouillon », a.irl. *bruth* et thrace βρῦθος « bière ».

2. Pour la préférence donnée aux récipients de plomb, cf. ci-dessous, 12, 20, 1-2 et note 1.

3. Pline, *nat.* 14, 136, recommande aussi de faire cuire la *sapa* et le *defrutum* lorsque le ciel est sans lune, c'est-à-dire dans la conjonction de cet astre.

Chap. 20

2. Ces substances sont couramment utilisées pour aromatiser le vin ou parfumer les vases. Caton, *Agr.* 113, 1, y ajoute le mélilot et l'huile de Ben. Le *schoenus* (gr. σχοῖνος) ou *iuncus odoratus* est l'herbe-à-chameau (*Cymbopogon schoenanthus* Spreng.), utilisée en parfumerie ; v. aussi ci-dessous § 5.

3. La quantité de *defrutum* obtenue est donc très importante : 90 amphores de 26,265 l représentent 2 363 l de moût, qui réclament un énorme chaudron. Même réduits des 2/3, il reste encore 785 l de *defrutum*, qui serviront à l'apprêt du vin, à la consommation comme vin cuit et à la vente.

5. Même s'il est difficile de corriger le texte, il est clair qu'il s'agit d'un parfum tiré de la vigne. Ce ne peut guère être que l'*oenanthinum*, obtenu par macération de la fleur (*oenanthe*) de vigne sauvage ou cultivée dans du moût (Diosc. 5, 4 ; Pline, 12, 132-133 ; 14, 98 ; Pallad. 7, 11). Cf. *Geopon.* 7, 20, 3 : « La fleur de vigne, surtout de vigne arbustive, récoltée au moment de la floraison et jetée dans le vin, lui donne une bonne odeur ». Ces substances, et bien d'autres, sont citées par Pline, 14, 107-112, comme employées pour obtenir des vins aromatiques (*aromatites*) ; v. aussi dans *Geop.* 7, 13, 4, la liste des aromates servant à l'apprêt du vin.

6. *rasis*, ou *pix cruda* ou *resina* est la gemme ou résine ; cf. J. André, *La résine et la poix dans l'antiquité. Technique et terminologie*, in *L'Antiquité classique*, 33 (1964), p. 86-87. Caton, *Agr.* 23, 3-4, était partisan de la résine comme apprêt.

Chap. 22

2. Texte controversé. Nous adoptons avec Hedberg et contre tous les autres éditeurs la leçon de S^2. En effet la disparition de *et quam optimae — purissimae* dans le reste de la tradition relève d'un saut du même au même. D'autre part, si le texte de S^2 n'est pas adopté, *haec* (*minute concidito*) ne convient pas : on attend en effet soit *hanc* (*picem*) soit *has* (*libras*). Or *haec* représente la *pix Bruttia* et la *resina dura*, seules susceptibles d'être réduites en petits fragments. On ajoutait fréquemment aux moûts à la fois de la poix et de la résine (ainsi Pline, *nat.* 14, 124-125). La *resina dura* ou *resina sicca* est la résine sèche, en général résine de pin (cf. *La résine et la poix...*, p. 90-91), qui doit être réduite en petits fragments, voire même en poudre.

3. Le lever de la Canicule a lieu du 18 au 26 juillet, cf. A. Le Boeuffle, *Les noms latins d'astres et de constellations*, Paris, B.-L., 1977, p. 273.

Chap. 25

2. Ces quantités sont étonnantes : pour apprêter une amphore de moût (26,26 l) on y ajoutait 50 setiers d'eau douce (27,35 l), 6 setiers de sel blanc (3,38 l) et 1 de miel (0,54 l), c'est-à-dire 31,17 l d'apprêt pour 26,26 seulement de moût. Elles diffèrent de celles de Caton, *Agr.* 105, surtout par la proportion de sel. Il indique en effet, pour faire du « vin grec » dans un domaine éloigné de la mer, 1 quadrantal (26,26 l) d'eau douce et 1 modius de sel (8,754 l) pour 20 quadrantal de moût (520,52 l).

3. Sur cet usage de l'eau de mer comme apprêt, cf. Pline, 14, 120 ; Pallad. 11, 14, 2.

Chap. 26

1. Les *Géoponiques* donnent toute une série de recettes pour empêcher le vin de tourner, dont l'une par addition de plâtre (7, 12, 5), mais sans indiquer les quantités ni mentionner la cuisson du moût. Les éditeurs hésitent pour le nombre des hémines entre *VII* (ou *septem*) (*Ald.*, Forster-Heffner, Ahrens), *L* (Hedberg) et *sex* (Richter), autorisé sous sa forme VI par la leçon *ul* de *R* (d'où *l* de *A*). Les 50 setiers de *S* et de Hedberg (27,35 l) paraissent excessifs pour 1 hémine (0,274 l) de gypse.

Chap. 30

1. Par « soigner » le vin (*curare*, *curatio*), Columelle entend donc seulement l'aérer et le rafraîchir.

2. Cf. chap. 25, 4, note 5.

Chap. 34

2. L'*embamma*, du gr. ἔμϐαμμα, est un assaisonnement préparé à l'avance employé en cuisine, considéré juridiquement comme un vinaigre dans les biens laissés en héritage (Ulpien, *Dig.* 18, 1, 9, 2 ; 33, 6, 9, 1). Cf. Apicius, 3, 18, 1, pour assaisonner les chicorées ; 8, 2, 7, pour le cerf ; Col. 12, 57, 2. Il en existait aussi de médicinaux, cf. Marcellus, *med.* 20, 74, pour la digestion ; 30, 41, comme laxatif.

Chap. 35

1. Columelle réunit ici six vins médicinaux de préparation identique, obtenus par macération de plantes dans le moût ou le vin ; mais il n'indique les propriétés que pour le dernier (*tussientibus*). Ce sont

les vins : d'absinthe (*Artemisia absinthium* L.), ἀψινθίτης, cf. Pline, 14, 109 ; 23, 52 ; Diosc. 5, 39 ; *Géop.* 8, 21 ; — d'hysope (*Hyssopus officinalis* L.), ὑσσωπίτης, cf. Pline, 14, 109 ; Diosc. 5, 40 ; *Géop.* 8, 15 ; — d'aurone (*Santolina chamaecyparissus* L.), Pline, 14, 105, l'ἀβροτανίτης de Diosc. 5, 52 ; — de thym (*Thymus vulgaris* L.), le θυμίτης de Diosc. 5, 49 ; cf. Pline, 14, 111 ; — de fenouil (*Foeniculum vulgare* Gaertn.), μαραθίτης de Diosc. 5, 65, et *Géop.* 8, 9 ; — de pouliot (*Mentha pulegium* L.), le γληχωνίτης de Diosc. 5, 52, et de *Géop.* 8, 7 (de γλήχων, nom grec de la plante).

Chap. 36

1. *mustum tortiuum* : après le premier pressurage, on tranchait le marc débordant du plateau et on le rejetait sur la masse pour un second pressurage. On obtenait alors le vin de taille ou vin de rognure, dit aussi *mustum circumcidaneum*, *m. circumcisiuum*, qui, selon Varron, *R.R.* 1, 54, 3, sentait le fer. Il est plus riche en tanin, donc plus astringent et c'est pourquoi il entre dans la composition du remède : le tanin est prescrit comme antidiarrhéique. Les modernes ne préconisent plus le romarin officinal en thérapeutique, mais signalent seulement ses propriétés stimulantes et antispasmodiques. Cf. Pline, 19, 187, et Diosc. 3, 75 en particulier.

Chap. 38

1. Le vin de myrte, aux baies très astringentes, était fort utilisé en médecine, comme le dit Columelle, pour les coliques, la diarrhée et la faiblesse d'estomac. Diosc. 5, 28 (μυρτίτης) le recommande en outre pour les ulcérations internes aussi bien que pour teindre les cheveux en noir. Sur la plante (*Myrtus communis* L.), cf. Pline, 14, 104 ; 15, 118-124. Caton a donné le premier la recette du vin médicinal, *Agr.* 125 : « Faites sécher à l'ombre du myrte noir ; une fois sec, conservez-le jusqu'à la vendange ; broyez ½ modius de myrte dans 1 urne de moût. Après la fermentation du moût, ôtez le myrte et lutez. Ce vin est bon pour l'indigestion, les douleurs de côté et le flux de ventre ». Nombreuses recettes dans Palladius, 2, 18 ; 3, 27 et 3, 31 ; *Géop.* 7, 20, 1.

Chap. 39

4. L'*uua apiana*, dont les anciens expliquaient le nom par le goût des abeilles (*apis*) pour ce raisin sucré, est probablement notre muscat. Pline l'identifie à la *psithia* des Grecs, mais Columelle, 3, 3, 14, les distingue ; cf. J. André, *Contribution au vocabulaire de l'agriculture. Les noms de cépages*, in *REL.* 30 (1953), p. 145-146 et 152 ; A. Tchernia, *Le vin de l'Italie romaine*, p. 352-355.

5. entendre : sur les cannisses posées sur des perches selon la technique exposée au § 1 ci-dessus.
6. Cf. § 3 ci-dessus.

Chap. 40

3. L'addition d'écume des vins cuits (*sapa* et *defrutum*) équivaut à une addition de sucre ; celle de lie de fond de cuve apporte des ferments, cf. R. Billiard, *La vigne dans l'antiquité*, p. 459, et ci-dessus, chap. 30, n. 3. Caton, *Agr.* 153, mentionne même un vin de lie (*faecatum uinum*) obtenu par pressurage de la lie du vin.
4. Selon ce même Caton, aucune *lora* ne durait plus d'un an. On voit mal en quoi l'emploi de vieille eau pouvait lui permettre d'en tenir deux.

Chap. 41

1. L'addition de miel correspond en principe à notre opération de sucrage du moût, augmentant la teneur en alcool et adoucissant les vins durs (*uina austera*). Elle permet aussi d'obtenir des vins de liqueur très sucrés : le *mulsum* de Columelle est fait de moût de mère goutte, à la dose de 3,270 kg de miel par urne de 13 l, ce qui représente un sucrage considérable (250 g de miel par litre d'un moût déjà naturellement sucré). L'*oenomel* de Palladius, 11, 17, fait de moût pris vingt jours après le pressurage et d'1/5 de miel, est un peu moins sucré. Les *Géoponiques*, 8, 25-26, présentent deux recettes d'οἰνόμελι, l'une à base de vin, fortement aromatisée, l'autre de moût réduit de moitié à la cuisson. Pour Pline, 22, 113-114, et Diosc. 5, 8, le meilleur *mulsum* est fait de vin vieux, et c'était aussi, selon ces deux auteurs, un remède laxatif et apéritif. Il était souverain pour les vieillards : « Beaucoup, dit Pline, sont parvenus à une longue vieillesse sans autre nourriture que du pain trempé dans du vin miellé. Pollion Romilius en offre un exemple célèbre. Il était plus que centenaire quand le divin Auguste, son hôte, lui demanda par quel moyen il avait gardé une telle vigueur d'esprit et de corps : « Avec du vin miellé au dedans, de l'huile au dehors » répondit-il ».

Chap. 43

1. Les *Géoponiques* présentent plusieurs recettes pour *conserver* le fromage (dans l'eau de mer, le vinaigre au miel, la saumure), mais aucune ne correspond à Columelle. Celui-ci donne en effet une recette non pour conserver le fromage, mais pour rendre mangeable le fromage de brebis vieux d'un an, devenu sec comme la pierre, recette de l'époque des vendanges, puisqu'il marine dans le moût.

Chap. 44

2. Le vignoble était divisé par des voies de desserte, cf. Col. 3, 20, 4 ; 4, 20, 5 ; Pline, 17, 169 ; Pallad. 3, 9, 11. Le *decumanus*, large de 18 pieds (5, 33 m), allant d'est en ouest, permettait, selon Pline, à deux véhicules de se croiser.

6. Les vases ayant déjà été copieusement poissés extérieurement et intérieurement, ce nouveau poissage ne peut concerner que les couvercles, se superposant au plâtre.

7. Procédé rappelé par Pline, 15, 66 : *Columella auctor est in puteos cisternasue uuas in fictilibus uasis pice diligenti cura inlitis mergi*, et Palladius, 3, 25, 9, pour les pommes.

Chap. 45

1. *scirpiculae* : de *scirpus* « jonc », cépage au bois mince et souple comme un jonc ; — *uennunculae* (sur les variantes, fréquentes en ampélographie, données par les manuscrits d'Horace, Pline et Macrobe, cf. ma *Contribution au vocabulaire...*, p. 136-137) ; de *uinnus* « boucle de cheveux », apparemment nommée pour son bois souple et pliant ; — *aminnea maior* : l'aminnée est le cépage principal du sud de la péninsule, qui s'est répandu largement dans l'Occident, cf. vha. *uminiu*, val. *amigne* (*Contribution...*, p. 129) ; v. A. Tchernia, *Le vin de l'Italie romaine*, p. 352-353. La variété dite « grosse aminnée » est déjà citée par Caton, *Agr.* 6, 4, *aminnium maius* et 7, 2, *aminnias maiores* ; — gallicae : ce plant gaulois, que Columelle dit connu des *antiqui*, est cisalpin, non transalpin ; — pour les *numisianae*, cf. chap. 44, n. 5 ; — selon Caton aussi, *Agr.* 7, 1-2, on conservait en pots les raisins des propriétés de banlieue.

2. Mêmes précautions concernant la météorologie, l'heure, la lune, le poissage des pédicules, la disposition aérée sur des claies dans *Géop.* 4, 15, 1-4. De même, Pline, 15, 62, demande de faire la cueillette par temps clair et vent sec, avant complète maturité, et surtout quand la lune est au-dessous de l'horizon.

3. Cf. Pline, 15, 62 : « Certains recommandent... de suspendre les grappes avec une crossette dure de sarment, après avoir ôté aux ciseaux les grains qui les gâteraient, dans un tonneau neuf poissé, en fermant tout accès à l'air avec un couvercle et du plâtre ».

4. Le marc de raisin bien tassé servait pour les conserves, ainsi, comme ici, en guise de bourrage pour immobiliser le pot dans le tonneau ; mais il présentait aussi un milieu stérile propre à la conservation, même de la viande, cf. *Géop.* 19, 9, 5 ; cf. J. André, *L'alimentation et la cuisine à Rome*, p. 143.

Chap. 46

1. C. Matius, chevalier romain contemporain de César et d'Auguste, sans doute fils du C. Matius qui fut un vieil ami de Cicéron et un partisan de César (cf. *Att.* 9, 11, 2 ; *Fam.* 11, 27, etc.). Créateur d'une variété de pomme dorée et parfumée (Col. 5, 10, 19 ; *Anth, lat.* 133 Riese, etc.), à laquelle il donna son nom, *malum Matianum*, passé en espagnol et portugais comme nom du pommier (*REW.* 5427). — On a tenté de combler diversement la lacune à l'aide du ch. 4, 2, évoquant des auteurs d'ouvrages culinaires, M. Ambivius, Maenas Licinius et C. Matius : *quibus studium fuit pistoris et coci nec minus cellarii diligentiam suis praeceptis instituere*, indication collective qui ne permet pas de distinguer la part de chacun des trois auteurs ; cf. Münzer, *RE*, XIV, 2, col. 2206 sq.

2. Les anciens montrent un grand souci de conserver les grenades le plus longtemps possible. Sur les divers procédés, plus ou moins compliqués et souvent curieux, voir Varron, *R.R.* 1, 59, 3 ; Pline, 15, 60 ; Pallad. 4, 10, 7-10 ; *Géop.* 10, 29, 4 ; 10, 38, 1-10. La queue est enduite de poix pour retarder la dessication du fruit.

Chap. 47

2. *amurca*, emprunt au gr. ἀμόργη : amurque ou eau de végétation des olives, dont la pulpe contient de 10 à 75 % d'eau suivant les espèces (J. Ruby, *Recherches morphologiques et biologiques sur l'olivier*, in *Annales des Sciences naturelles, Botanique*, 20 [1917], p. 42-43) ; cf. Varron, *R.R.* 1, 64, *amurca cum olea expressa, qui est humor aquatilis* ; Pline, *nat.* 15, 9 ; 33-34. La traduction rencontrée assez généralement par *lie* ou *marc* est inexacte. L'olive, sous le pressoir, donne trois produits : l'eau, l'huile et la pulpe (le marc).

3. *melomeli* : gr. μηλόμελι ou κυδωνόμελι « miel de coing » ; cf. Diosc. 5, 21.

7. Sur les conserves de pommes, cf. Pallad. 3, 25, 17-18 ; — *malum orbiculatum*, espèce de pomme ronde, douce avec un peu de piquant (Athén. 80 f), se conservant bien toute l'année (Pallad. 3, 25, 18, *mela rotunda quae orbiculata dicuntur*), connue depuis Varron, *R.R.* 1, 59, 1, et citée par Diosc. 1, 115, 4, pour ses effets salutaires ; v. aussi Pline, 15, 51, et 23, 104 ; — *m. Cestianum*, nommée de son inventeur, Col. 5, 10, 19 ; Pline, 15, 49 ; — *melimelum* (gr. μελίμηλον « pomme de miel »), pomme rouge et douce (Mart. 1, 43, 4) ; pour ses propriétés médicinales, cf. Pline, 23, 104 ; Diosc. 1, 115, 3 ; — *m. matianum*, cf. ci-dessus, 46, 1.

8. *flosculus* : l'ombilic, c'est-à-dire la dépression à la base de certains fruits, avec les restes du calice floral, d'où son nom latin. Pour la position des fruits, cf. Pallad. 3, 25, 19 : *Constat mela sic ponenda ut pediculorum partes deorsum facias.*

10. *faecinium* : *faecinia* est un autre nom de la *nomentana* (de Nomentum, dans le Latium, aux confins de la Sabine et de l'Étrurie), nommée pour la lie (*faex*) déposée par son vin ; cf. Col. 3, 2, 14, *Nomentanae... eaedemque faeciniae, quod plus quam ceterae faecis adferunt* ; Pline, 14, 27.

11. Cf. Pallad. 3, 25, 18, *plerique scobem populi uel abietis inter mela diffundunt.*

Chap. 48

1. La grande année (*Inula helenium* L.), au rhizome charnu, comptait parmi les plantes potagères, mais sa saveur âcre et son odeur forte exigeaient une préparation. Pline donne plusieurs recettes pour l'adoucir avec des vins cuits, du miel, des dattes ou des raisins secs. C'était un excellent remède contre les faiblesses d'estomac, le ténia, la toux, les flatuosités, et l'impératrice Livie se trouva fort bien d'en consommer chaque jour (Pline, 19, 91-92 ; 20, 38 ; Diosc. 1, 28, 2).

Chap. 49

2. La *pausea*, ou *pausia*, *posea*, *posia*, *pusia*, est une variété des *oleae purpureae* de Pline, 15, 17, espèces d'olives passant du vert au rouge ou noir-rougeâtre, puis au noir violacé ou au noir franc (cf. D'Aygallières, *L'olive et l'huile d'olive*, Paris, Baillière, 1900, p. 33 ; 38 ; 40, etc. — Le produit de cette conserve correspond assez aux olives cassées de la Provence consommées dès le mois de novembre et aux θλασταὶ ἐλαῖαι des *Géop.* 9, 32.

3. *orchites*, variété d'olive dénommée aussi *orchas* (Virg., Macr., gr. ὀρχάς), *orchis* (Col., Pallad., gr. ὄρχις), *orchitis* (Caton, Varron), *orchita* (Col.). Explication dans P. Fest. 195, 1 : *Orchitis genus oleae ex graeco dictum quod magnitudine sit instar testiculorum* ; — *radiolus*, espèce dite aussi *radius* (même mot que *radius* « navette »), cf. Virg., *G.* 2, 86, Pline ; 15, 4 ; Col. 5, 8, 4, etc. ; cf. son synonyme *cercitis*, Col. 5, 8, 3, de κερκίς « navette » ; — *regia* « la royale », Col. 5, 8, 3-4 ; 15, 13 et 15 ; — sur les conserves des *orchites* et des *pausiae*, cf. Caton, *Agr.* 7, 4.

9. Sur l'enduit de gomme liquide des récipients à huile, cf. 12, 52, 16-17.

Chap. 50

4. Gaucherie de Columelle que nous conservons : le *uas* et l'*amphora* sont un même récipient. La plupart des éditeurs ne traduisent pas *amphoram.* Au § 3 ci-dessous, le texte porte seulement : *tum in amphoram confundunt.*

Chap. 51

1. *sam(p)sa*, terme d'origine inconnue, attesté depuis Plaute, mais non chez Caton : « grignon, tourteau d'olives ». La pulpe des olives pressées, après écoulement de l'eau de végétation (*amurca*) et de l'huile vierge, était passée au broyeur, salée, aromatisée et formait une pâte comestible, vendue dans les rues d'Athènes, selon Diphile *ap.* Athénée, 55 b, sous le nom de στέμφυλον.

2. *integra*, c'est-à-dire non fendue comme dans 50, 5.

Chap. 52

1. Sur les différentes sortes d'huiles, cf. Théophr., *C.P.* 6, 8, 3, et surtout Pline, 15, 5-6. — Columelle, 11, 2, 83, a fixé en septembre-octobre l'extraction de l'*oleum acerbum* fait avec les olives encore blanches ; cf. aussi Pline, 12, 130. — L'*oleum uiride* est obtenu en décembre avec les olives commençant à noicir (Col., *l.c.* ; Pallad. 11, 10, 1). Chez Columelle, les olives tombées ne sont ramassées que pour l'*oleum acerbum*. Caton, *Agr.* 65, en fait au contraire son *oleum uiride* (v. le commentaire de l'éd. Goujard, p. 238-239).

3. Columelle cite dans les §§ 6-7 divers appareils utilisés pour dénoyauter les olives et les réduire en pâte avant de les soumettre au pressurage ; — le *trapetum* est le broyeur à olives, connu depuis Caton, composé d'une cuve ronde en pierre dans laquelle tournent deux demi-sphères accouplées sans toucher aux parois, de façon à ne pas écraser les noyaux. Voir les schémas établis par Hörle, *R.E.* s.u. *trapetum*, et K. D. White, *Farm equipment*, p. 227-228 ; — *mola olearia*, la meule, peut-être portative ; — *canalis et solea* « le conduit et le sabot », appareil mentionné par le seul Columelle, qui a laissé perplexes tous les commentateurs jusqu'ici et qui vient d'être élucidé récemment par Pedro Sáez Fernándes, *Columela, De R.R. XII, 52, 6 : Canalis et Solea*, in *Habis*, 14 (1983), p. 147-152. Dans les petites exploitations, qui ne disposaient ni de broyeur ni de meule spéciale, c'est par foulage que l'on procédait à la séparation de la pulpe et du noyau, opération rudimentaire très ancienne et signalée par l'Ancien Testament : *calcare oliuam* (Vulg., *Michée*, 6, 15). Pour ce faire, le fouleur, qui ne pouvait être nu-pieds comme pour le raisin, chaussait des soques de bois, ce dont Hésychius a laissé le témoignage, s.v. κρουπεζούμενος : τὰ ζύλινα σανδάλια κρουπέζια λέγεται καὶ ὑποδήματα ξυλίνα μεθ' ὧν τὰς ἐλαίας πατοῦσι « On appelle *croupezia* les sandales de bois et les soques de bois avec lesquelles on foule les olives ». M. Sáez Fernández a découvert au Musée des Arts et Traditions populaires de Séville un appareil qui éclaire celui de Columelle : une sorte de conduit de bois en pente légère pour l'écoulement (*canalis*) largement évasé, sur lequel on plaçait (dans un sac ?) les olives que le fouleur martelait avec sa soque (*solea*), en se tenant à la poignée d'une corde fixée au plafond. Voir la reproduction de l'appareil en fin de volume.

5. Ce sont les mêmes corbeilles que Columelle, 12, 18, 2, recommande pour les vendanges, *decemmodiae et trimodiae* (10 *modii* = 87,54 l ; 3 *modii* = 26,262 l). La contenance des corbeilles utilisées pour les semailles (*satoriae*), réquisitionnées ici également pour le ramassage des olives, semble avoir été de 3 *modii*. Columelle, 2, 9, 9, mentionne en effet une *satoria trimodia*.

7. *ut, quantum possit, paulisper exprimatur* : la difficulté vient de *quantum possit*, que certains éditeurs font porter sur *paulisper*, d'autres sur *exprimatur* : les pressurer de manière à n'obtenir leur liqueur que peu à peu (Du Bois) ; so bald wie möglich (Richter) ; for the shortest possible time (Forster-Heffner) ; um eine Weile, so wie möglich, ausgequetscht zu werden (Ahrens). Nous adoptons l'interprétation d'Onesti : far subire loro la massima pressione per un poco di tempo.

8. Pline donne comme récent l'usage des réglettes, en 15, 15 ; il est mentionné aussi par Ulpien, *Dig.* 19, 2, à propos de l'extraction de l'huile : *quod si regulis olea prematur...* On remplaçait les cabas de jonc ou de sparte pleins d'olives, qui risquaient de crever sous la presse, par un cadre fait de réglettes de bois.

12. *circa kalendas Ianuarias* : du 14 décembre au 1er janvier ; — *eadem ratione*, cf. 12, 52, 9.

13. Cf. 12, 52, 3 sq.

Chap. 55

2. La correction *minus tiniosam* est celle qui s'accorde le mieux avec les indications de Caton, *Agr.* 162, 2, concernant le salage des jambons : *nec tinia nec uermes tangent*. La *tinea* en question paraît être un minuscule acarien (genre *Tyroglyphus*), de la taille d'un grain de farine, qui pullule en surface des salaisons, où il forme un enduit blanchâtre (renseignement dû à M. François Poplin).

Chap. 56

3. Dioscoride, 2, 111, mentionne la conservation des navets dans la saumure.

4. Il semble bien que *haec utraque* désigne les raves et les navets, plutôt que les deux présentations de navets (entiers et en tranches), auquel cas on attendrait *utrique*.

Chap. 57

1. La moutarde de table, dite *sinape factum* (Apic. 8, 7, 15), *sinapis confecta*, vendue toute préparée 8 deniers le setier (*Ed. Diocl.* 1, 35).

Chap. 59

1. Sur le *moretum*, mets rustique à base de fromage sec ou frais aromatisé, arrosé de vinaigre, puis d'huile au moment de servir, voir avant tout le Ps.-Virgile, *Moretum*, qui est un fromage aux herbes. Ovide, *Fast.* 1, 371, donne aussi une recette. Apicius, 1, 21, indique les condiments suivants : menthe, rue, coriandre, fenouil, livèche, poivre, miel et garum, et au moment de servir, ajouter du vinaigre. Les recettes varient avant tout par les condiments.

4. *Laser*, gr. σίλφιον, suc d'une férule de Cyrénaïque (*Ferula tingitana* L.), utilisé en médecine et en cuisine.

5. La leçon *casei*, admise par tous les éditeurs, est insoutenable. Nous avons d'assez nombreuses recettes d'*oxyporum* : Apicius, 1, 18 ; 1, 20, 2 ; 3, 18, 2 ; Marc., *med.* 20, 84 ; 20, 93 ; Aétius, 3, 82, etc., dont aucune ne mentionne de fromage, alors que toutes fournissent des listes plus ou moins longues d'aromates, et que le carvi (*Careum carvi* L.) figure parmi les ingrédients de la recette d'*oxyporum* d'Apicius 1, 20, 2.

6. La plante africaine qui produisait le *laser* disparut peu à peu par suite d'une récolte intensive. On le remplaça alors par la gomme-résine extraite de la racine d'une férule orientale (*Ferula asa foetida* L.), originaire de Perse, Médie et Arménie, appelée *laser Parthicum*, et *laser Syriacum*, la Syrie servant d'intermédiaire entre la Perse et Rome. Columelle se situe juste à la transition, quand les Romains peuvent encore se procurer du *laser* d'Afrique et commencent à le remplacer par le *laser* oriental.

INDEX NOMINVM

INDEX RERVM

INDEX PLANTARVM

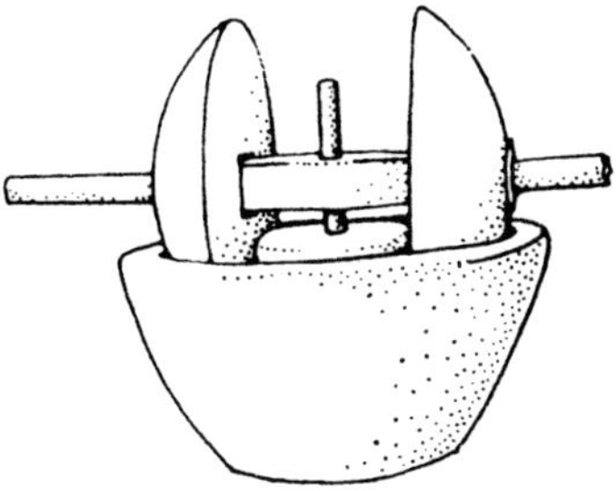

Broyeur à olives (*trapetum*)
d'après K. D. White, *Farm Equipment of the Roman World*, p. 227.

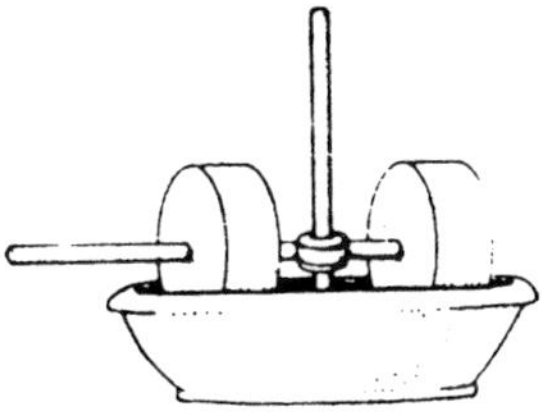

Meule à huile (*mola olearia*)
d'après K. D. White, *Farm Equipment of the Roman World*, p. 228.

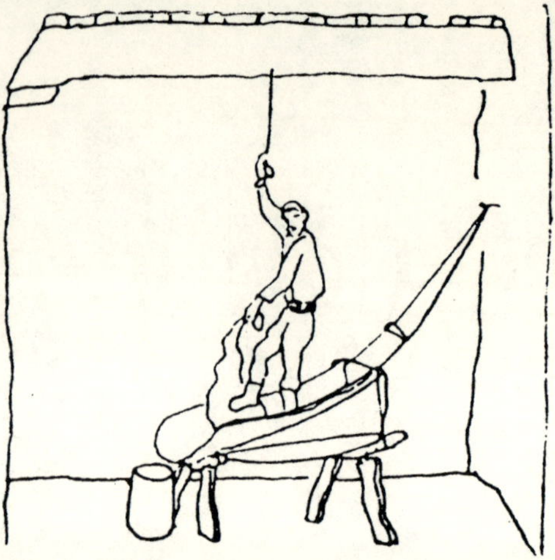

Fouleur d'olives dans le *canalis*
d'après P. Sáez Fernández, Habis, 14 (1983) p. 152, fig. 1.

Auge de bois (*canalis*) pour le foulage des olives
(Musée des Arts et Traditions populaires de Séville)
ap. P. Sáez Fernández, *Habis*, 14 (1983) p. 153, pl. II.

TABLE DES MATIÈRES

Ce volume,
de la Collection des Universités de France,
publié aux Éditions Les Belles Lettres,
a été achevé d'imprimer
en novembre 2002
sur presse rotative numérique
de Jouve
11, bd de Sébastopol, 75001 Paris

N° d'édition : 4426
Dépôt légal : décembre 2002

Imprimé en France